费孝通的大社会学 体会与推研

牟钟鉴 ◎ 著

中央民族大学名师学术文集

中央民族大学出版社
China Minzu University Press

图书在版编目（CIP）数据

费孝通的大社会学体会与推研 / 牟钟鉴著 . —2 版 .—北京：中央民族大学出版社，2022.1（2023.1 重印）

ISBN 978-7-5660-2069-7

Ⅰ.①费… Ⅱ.①牟… Ⅲ.①社会学—研究 Ⅳ.①C91

中国版本图书馆 CIP 数据核字（2022）第 010709 号

费孝通的大社会学体会与推研

著　　者　牟钟鉴

责任编辑　吴　云

封面设计　舒刚卫

出版发行　中央民族大学出版社

　　　　　北京市海淀区中关村南大街 27 号　　邮编：100081

　　　　　电话：（010）68472815（发行部）　　传真：（010）68933757（发行部）

　　　　　　　　（010）68932218（总编室）　　　　　（010）68932447（办公室）

经 销 者　全国各地新华书店

印 刷 厂　北京鑫宇图源印刷科技有限公司

开　　本　787×1092　1/16　　印张：11.5

字　　数　116 千字

版　　次　2022 年 1 月第 2 版　2023 年 1 月第 3 次印刷

书　　号　ISBN 978-7-5660-2069-7

定　　价　50.00 元

"中央民族大学名师学术文集"出版前言

"所谓大学之大，非有大楼之谓也，乃有大师之谓也。"著名教育家、清华大学原校长梅贻琦先生广为人知的这句名言，道出了大学教育的真谛。任何著名大学，其所以著名，其所以为世人瞩目，乃在于她拥有名家大师，执掌其教学科研，引领其学科建设，使学问能日日精进，德行能时时砥砺，境界能渐渐提升，而成就斐然、名重一时的栋梁之材能如璀璨群星不断脱颖而出、辉耀于世界。

中央民族学院是中国共产党和中央人民政府为持续深入地推动中国特色解决民族问题道路的探索，于1950年4月确定创办的一所地位极其重要、意义极其特殊的高等院校。① 其根脉是中国共产党1941年于延安创办的民族学院。建校伊始，根据学校定位和当时开展学科建设、人才培养、科学研究以及为新中国民族工作提供高水平决策咨询服务的迫切需要，在中央政府和各方面的大力支持下，一大批在民族学、社会学、人类学、历史学、语言学、民族艺术等学科领域闻名遐迩的顶尖学者，或已崭露头角的青年才俊，如翦伯赞、吴泽霖、潘光

---

① 1950年4月，中共中央政治局做出了在北京设立中央民族学院的决定。6月30日，中华人民共和国政务院任命中央民委副主任乌兰夫、刘格平分别兼任中央民族学院正副院长，由中央民委主持的中央民族学院建校筹备工作正式启动。9月，政务院任命刘春出任中央民族学院副院长，主持日常工作。在北京市政府的支持下，确定将校址选在北京西郊的魏公村。11月24日，周恩来总理主持政务院第60次政务会议，通过了《培养少数民族干部试行方案》和《筹办中央民族学院试行方案》两个重要文件。1951年4月12日，政务院第78次政务会议决定任命费孝通为中央民族学院副院长。6月11日，中央民族学院举行开学典礼，中央人民政府副主席朱德、政务院副总理董必武出席并讲话。一所新型的、富有中国特色的现代大学在北京诞生了。

旦、吴文藻、闻宥、于道泉、杨成志、陈振铎、冯家昇、翁独健、费孝通、林耀华、傅懋勣、陈述、傅乐焕、王锺翰、马学良、陈永龄、施联朱、金天明、宋蜀华、贾敬颜、王辅仁、黄淑娉、吴恒等，先后来到中央民族学院，使尚处草创时期的中央民族学院一跃成为全国民族研究和人才培养的重镇和高地，迅速跻身全国名校之列，并成为我国对外学术交流的重要窗口。经由这些杰出专家学者开拓的研究领域、奠定的学术传统和擘画的专业布局，历经半个多世纪的拼搏进取和薪火相传，已积蓄成为中央民族学院迈向综合性研究型大学的丰沛特色泉源和坚实学科根基，是中央民族学院坚持服务国家民族工作大局的基本定位、保持国家民族工作重要人才摇篮和重要智库地位的牢固支撑。如今的中央民族大学，在创建一流大学、一流学科的征途中，依然也必然以前辈大师名家呕心沥血奠定的基业为张本。名家大师与大学建设发展关系之密切和深远，于此可以充分见证和深切体味。

名家大师不仅是大学教育之根本，也是世道人心的皈依，因为他们的学行才识堪称"三不朽"。《左传·襄公二十四年》载："太上有立德，其次有立功，其次有立言，虽久不废，此之谓三不朽。"孔颖达在《春秋左传正义》中阐明："立德谓创制垂法，博施济众"；"立功谓拯厄除难，功济于时"；"立言谓言得其要，理足可传"。中央民族大学建校创业史上的这些名家大师，学养精深，妙手著文，成果等身，"言得其要，理足可传"，可谓"立言"；他们绝大多数参与甚至领导了民族识别、少数民族社会历史调查、"民族问题五套丛书"编写，并为新中国各个历史时期民族政策的制定提供了决策咨询和理论支撑，为民族地区和少数民族培养了千千万万优秀专业技术人才和干部人才，为巩固和发展中国特色社会主义新型民族关系奠立了知识、理论、人才基础，为新中国民族团结进步事业呕心沥血、披肝沥胆、鞠躬尽瘁，可谓"立功"；他们高风亮节，严谨治学，谦和待人，传道授业，树立规范，为学校、学科"创制垂法"，打造了"博施济众"的基业，可谓"立德"。

名家大师们的高尚人格、深厚学养、奉献精神、治学风范，是中央民族大学兴校办学极其宝贵的财富，是中央民族大学建设国际知名高水平大学的厚重历史资本，是中央民族大学一代又一代师生为学为人的典范和楷模。

"最是人间留不住，朱颜辞镜花辞树"，出生于19世纪末至20世纪初叶，为学校事业和学科建设筚路蓝缕、备尝艰辛的老一辈名家大师，在留下令人感佩的不凡业绩和使人景仰的道德文章后，已先后辞世。所幸，"江山代有人才出"，成长于新中国建设和改革开放时期的一大批学者，如今已肩负起学校事业和学科建设的重担。他们或亲炙前辈名家大师，尽得师传而承绪继业、有所发扬；或笃志于民族高等教育事业、钟情于民族研究，而选择中央民族大学安身立业且成就突出。为展现他们的学术风采，推重他们的治学精神，中央民族大学编辑出版这套"名师学术文集"。借由这套文集，广大读者和社会各界可以更具体深入地了解中央民族大学的现在，并展望她的美好未来。

"中央民族大学名师学术文集"编委会

2020年10月

自　序

　　我称费孝通先生为当代中国思想巨匠，他是当之无愧的。人们都知道费孝通是著名的人类学家、社会学家、民族学家，但往往忽视了他的哲学家的身份。费孝通在早年做学术研究和社会调查时，就具有广阔的视野，用大人类学、大社会学的眼光做民族识别工作；晚年他自觉地站在哲学的高度，用全人类的眼光，将理论和实践结合起来，在综合中西文化的基础上，推出一系列真知灼见，使自己的学问成为一种博大的文化哲学，并辐射到一系列交叉人文学科中。他虽然没有建立自己的哲学体系，而他的智见却已传播到五湖四海。

　　我在中央民族大学工作已有三十余年，在参与创建民族宗教学和创建新仁学并参与创建尼山圣源书院的过程中，都受到费孝通大智慧的熏陶，有时是对费孝通理论观点的引述和传承，有时是受到费孝通论著的指点，进而开拓创新。我的主业是中国哲学和中国宗教学，在我的学术成果里，到处都可以看到费孝通思想的身影。

　　我愿意把我的学习体会写出来，一是表示感恩，二是希望引起社会更多人士对费孝通的关注。我认为建立一门"费孝通学"（简称"费学"）是很值得的，"费学"将引领各门人文社会学科彼此接近、交叉发展，共同造福于社会。正像大哲学家冯友兰先生去世后，"冯友兰学"（简称"冯学"）长盛不衰那样，"费学"事实上正在兴起并拓展其影响。两位世纪哲人在精神世界里相遇了，这是我们后辈学人的幸运，也使我们感到自豪。

目 录 Contents

缘　起

　　我于1987年底从中国社会科学院世界宗教研究所来到中央民族大学工作。不久，认识了费孝通的重要助手陈连开教授，又通过陈先生对费孝通的思想略有所知，并较早得到和阅读费孝通主编《中华民族多元一体格局》的初版和修订本，认同费孝通对中华民族格局的论述，但未及深思。2006—2009年，中央民族大学实施"985工程"建设项目，学校委托我负责"当代重大民族宗教问题研究中心"，并主持建设新学科：民族宗教学。后来形成一本由我主编的《民族宗教学导论》（宗教文化出版社，2009年6月版，以下简称《导论》）。在写作过程中，我反复认真阅读了费孝通的《中华民族多元一体格局》一书，吸收他关于"56个民族是基层，中华民族是高层"的民族"多层次论"，从而在我们的《导论》中提出"复合型民族"的新概念，其理论意义容下文阐述。后来又读《费孝通九十新语》，特别敬佩他提出的文化自觉和"各美其美，美人之美，美美与共，天下大同"十六字名言，认为它代表了中华民族当代文化自觉的最新高度，并且具有重大的世界意义。从此，我认定费孝通的学问是一门超出普通民族学的大学问，他的思想达到了哲学的高度，他与冯友兰可以并称20世纪中国最有影响力的两大哲学家，如果加以深挖和发挥，可以有效地推动多种学科的发展，便情不自禁地要做一番研究，把自己理解到的东西写出来，以慰夙愿。

费孝通一生学术轨迹简述

费孝通于1910年出生于江苏吴江一个新式的书香家庭。其父是清末最后一科秀才，科举废除后去日本留学，学教育，回国办新式中学，母亲办蒙养院。费孝通从小未进私塾读四书五经，从小学到中学即受教于西方文化影响下的新式教育，然后上教会大学，从东吴转燕京，进清华研究院，去英国留学，接受西方人类学社会学的熏陶。中华传统文化只是流淌在他血液中的基因，不是自觉层面的理论。他在燕京大学师从吴文藻先生，进入清华大学师从史国禄教授。从清华出来，在大瑶山和江村做过田野调查，然后去伦敦经济政治学院师从功能学派大师马林诺斯基学习社会人类学。他说："如果从跟史国禄正式学习人类学算起，我和人类学打交道已经有将近70年的历史了。在这70年里，我贯彻了吴文藻先生的主张，把人类学的学习和研究包括在社会学的范围之内，把社会学和人类学密切地联系和结合起来，我的学术道路一直贯穿着这个原则。"（《创建一个和而不同的全球社会》）其间，有一个重要插曲：1932年，他在燕京大学听美国社会学派克教授讲学，"他鼓励大家要大胆提出假设，然后再用观察到的生活事实来肯定或否定这些假设"，"其实这种实证主义的科学方法论，我们在五四运动时早已由胡适等人传入了中国。而且说起来也很有意思，胡适和派克所讲的这套话，原是同出于同一来源，这来源就是美国在20世纪20年代就很有名的杜威博士"，"以我个人来说，不能不承认这句话为我这一生的学术经历开出了一条新路子"（《补课札记》）。当然，胡适的求证只停留在文献资料上，而派克传给费孝通的求证却需要走向社会，在田野调查中取得证明。费孝通是真正懂得杜威的。

费孝通研究社会学从一开始就重视社会实践，1935年大瑶山调查是起步，1936年《江村经济》是社会学调研的第一个硕果（1937年出版），马林诺斯基称之为"里程碑"式作品。从1938年到20世纪40年代抗日战争时期，费孝通在西南联大教书，深入云南各族地区做社会调查，在课堂上讲授这些调研内容，形成《乡土中国》，揭示礼治下的基层农村社会生活机制及其在现代转型中面临的问题，提出"差序格局"，表现出对农民身上传统文化的真挚感情。后来他拒绝去台湾，留下来迎接解放，为新中国建设服务。

1951年、1952年他参加西南和中南访问团，负责贵州、广西实地访问工作。"这两年可说是我进行民族研究真正的开始。"这是中国民族学的起点。"在和众多的少数民族直接接触中，我才深切体会到民族是一个客观普遍存在的'人们共同体'，是代代相传，具有亲切认同感的群体，同一民族的人们具有强烈的休戚相关、荣辱与共的一体感。"（以上《代序：民族研究 —— 简述我的民族研究与思考》）从此，费孝通把社会学研究牢牢根植于中国民族学的沃土。

从1953年到1956年，费孝通参与民族识别工作，提出一系列原则性的指导意见。如对斯大林关于民族的定义只能参考，不可照搬，其中"共同文化特点的共同心理素质"乃是"民族定义中最重要的一个特征"；提出以"民族聚居区"的概念代替民族定义中的"共同地域"，从而为后来民族区域自治提供了基础性理论（同上）；强调克服以往大民族主义对少数民族的歧视，实现民族间的平等、友爱、互助（《发展为少数民族服务的文艺工作》，1951年）；尊重少数民族的主体权利，进行民族识别，"不是代替"各民族决定民族名称，而是"帮助已经提出民族名称的单位自己来考虑是否要认为是少数民族或是否要单独成为一个民族"（《关于民族识别的意见》，1954年）；尊重各民族风俗习惯与宗教，"各民族的风俗习惯和宗教信仰的保持或改革必须由本民族人民自己来决定，其他民族是不可以干涉的"（《对于宪法草案有关民族问题基本规定的一些体会》，1954年）；研究少数民族宗教信仰，列出七种，并提出注意点之一是"宗教意识和民族意识的结合"（《中国民族学当前的任务》，与林耀华合写，1956年）。

1957年春，费孝通响应号召写了《知识分子的早春天气》，要揭开两个盖子："百家争鸣""互相监督"，而被打成"右派"。社会学也被取消。此后20余年不能做社会学研究。从他后来的表现可知，此一时期他读了不少书籍，特别是儒家经典和当代新儒家作品，"我读历史书和翻译老书"，"1972年，费从干校回到北京，参加《世界史》的翻译工作"（王胜泉文），从而为他老年重建中西融合的社会学创造了条件。例如，他提到陈寅恪、梁漱溟、钱穆、张君劢、牟宗三、唐君毅等人。1977年年底，费孝通给胡乔木、于光远写信，呼吁重视民族问题研究。（王胜泉文）

1979年3月，邓小平说："政治学、法学、社会学以及世界政治的研究，我们过去多年忽视了，现在也需要赶快补课。"（《邓小平文选》，第167页）同年3月15日，成立中国社会学研究会，这给费孝通的学术研究带来了转机，他说："我要在我的晚年为社会学科的重建尽点力。"

接着，费孝通多次下乡镇走访，研究社区，写出《小城镇，大问题》，并出国访问。写文章阐扬儒家"中和位育""推己及人""和而不同"的智慧，抓住其精髓与核心，展现民族文化主体。他本来就有乡土中国根底，加上儒经儒家提点，又总结"文化大革命"教训，对比世界纷争，于是他的社会学较快地回归中华文化主流并综合创新。

改革开放不久，费孝通就关注城镇发展问题，于1983年写出的《小城镇，大问题》中，探讨"苏南模式""温州模式""珠江模式"，试图用区域性的经济共同体来缩小城乡差别，用城市推动乡村的复兴。这是颇有远见的社会学典型调研。

1988年8月，费孝通在香港中文大学做演讲，正式发表《中华民族多元一体格局》，"提出了对中华民族形成的整体观点"

（《中华民族研究新探索》，1990年）。陈连开的评语："宏论甫出，洛阳纸贵。"这是费孝通中国民族学创新的最大成就，达到了一个高峰，而且在推进中华民族团结事业中发挥了很大作用。陈连开教授帮助费孝通整理了《中华民族多元一体格局》一书，以费孝通文章为主导，同时收入陈连开、谷苞的文章，形成系列，由中央民族大学出版社出版。

费孝通在2000年以后所写的文章，一类讲城市社区，一类讲西部发展，一类讲文化自觉。他在阐扬儒家"和而不同"理念的基础上，针对"文明冲突论"和国人长期文化自卑的情况，而强调文化自觉，即"指的是生活在一定文化中的人对其文化有'自知之明'，并对其发展历程和未来有充分的认识。同时，'文化自觉'指的又是生活在不同文化中的人，在对自身文化有'自知之明'的基础上，了解其他文化及其与自身文化的关系"。他将文化自觉提到全球的高度："全球化过程中的'文化自觉'，指的就是世界范围内文化关系的多元一体格局的建立，指的就是在全球范围内实行和确立'和而不同'的文化关系。"费孝通特别指出："人类学要为文化的'各美其美，美人之美，美美与共，天下大同'做出贡献，这里特别意味着人类学应当探讨怎样才能实现文化的自我认识、相互理解、相互宽容和并存及'天下大同'的途径，这正是我提出'文化自觉'的看法的背景的追求。"经过中华民族多元一体格局的论证，费孝通把对"和而不同"的文化自觉从中国推向世界，提出了全球不同文明之间关系的十六字方针。

费孝通在他去世前一年即2004年所写的《"美美与共"和人类文明》中，对于十六字方针做了总括性表述。他看到"西方至上主义"、"殖民主义"、"极端国家民族主义"和"种族主义"的影响仍然存在，不无忧虑地说："时至今日，世界上极端主义和以暴制暴所造成的种种事端，依然摆脱不掉'以我为中心'的影子。"但是，要"解决全球化与不同文明之间的关系，就必须超越现有的一些思路"，取得新的共识。他坚信，"人类每逢重大历史转折时期，就会出现各种各样的所谓'圣贤'，其实，这些'圣贤'，就是那个时代所需要的，具有博大、深邃、广阔的新思路和新人文理想的代表人物。我曾经把当今世界的局势比作一个新的战国时代，这个时代又在呼唤具有孔子那样的思想境界的人物。""我多次提到'和而不同'的概念""我还提出了'文化自觉'""后来，我又进一步提出'各美其美，美人之美，美美与共，天下大同'的话。这几句话表达了我对未来的理想，同时也说出了要实现这一理想的过程。我认为，如果人们真的做到了'美美与共'，也就是在欣赏本民族文明的同时，也能欣赏、尊重其他民族的文明，那么地球上不同文化、不同民族、不同国家之间，就达到了一种和谐，持久稳定的'和而不同'才能出现"。这篇文章和这一段话可以说是费孝通留下的遗嘱，直到生命的最后一刻，他仍然在关心着世界和平与发展，提供应治人类痼疾的良药，他的生命与人类命运是紧紧连在一起的。

费孝通重建与创新人类学社会学民族学的贡献

人类学、社会学、民族学都是从西方传进来的学科，互有交叉，在称谓上存在一定的混乱。在美国，广义的人类学包括体质人类学和文化人类学，后者又包括考古学、语言学与民族学。英国习惯将文化人类学称为社会人类学。法国、德国和俄国则将文化人类学称为民族学。泰勒被称为"人类学之父"，他于1871年出版的《原始文化》乃是人类学奠基之作，内中提出文化的经典定义："文化就其广泛的民族学意义来说，是作为社会成员的人所习得的包括知识、信仰、艺术、道德、法律、习俗以及任何其他能力和习惯的复合体。"他认为宗教是人类文化的重要组成部分，万物有灵论乃是一切宗教的最初形态，尔后发展出自然崇拜、祖先崇拜、多神教、一神教。另一位对人类学起到重要推动作用的是美国人类学家博厄斯，他提出文化相对论和文化区，认为不同民族的文化道路不同，但可以殊途同归，文化区的独立发展和互相传播是同时进行的。法国人孔德被称为"社会学之父"，他提出建立"社会的科学"。另一位现代社会学奠基人是杜尔凯姆，他认为社会学的研究对象是社会现象，而社会现象具有客观性和集体性。要研究社会内部的环境构成，对不同社会形态进行比较。他提出"集体表象"，用以表述社会成员共同的信仰和感情。他提出"宗教是与神圣事物有关的信仰和实践的统一体系"，而宗教的两大要素是信仰与仪式。麦克斯·韦伯与杜尔凯姆和马克思被西方学界称为"三大社会学家"，他的《新教伦理与资本主义精神》认为，基督新教为资本主义发展提供现代企业的理性精神。马林诺斯基是社会学功能学派大师，他认为文化是满足人类需要的手段，其中最重要的是社会制度，宗教通过人们生活和行为的神圣化而成为社会控制的力量。他强调实地调查，形成社会学传统。严格意义上的民族学创建者是苏联学人在马克思主义民族理论指导下研究民族学而形成的苏维埃学派。他们的理论贡献有二：一是提出"经济文化类型"；二是对民族共同体有理论高度的认知。他们把唯物史观与"西方文化圈"理论结合起来，认为民族依照其生产方式和文化特点的综合，可以分成几种文化类型，在前资本主义时代主要有三种：渔猎采集型，锄耕农牧型，犁耕农业型。中国学者受其影响将中国的民族区域划分成三大经济文化带：秦岭-淮河以南是水田农耕文化带；秦岭-淮河以北是旱地农耕文化带；长城以北是狩猎/渔猎文化带。苏维埃学派的学者勃罗姆列伊综合各家之论，提出了他自己关于民族的定义：民族是历史上形成的、具有共同的相对稳定的文化（其中包括语言）特点和心理特点，并意识到自己的统一和与其他这类构成体的区别的人们的总体。西方有一种政治民族主义，认为民族不仅是一种人群范畴，而且还是一种人们共同体。它一般是指那些具有自治要求，已被政治疆界化或正在追求政治疆界化的族群，而族群的政治疆界化则往往要以一定的共同地域和共同社会经济联系为前提。政治民族主义主张一个民族一个国家，视"民族性就等价于国家的地位"。事实上，不仅多民族国家是世界上普遍的存在，即使是宣扬一个国家一个民族的人所指的民族国家仍然有不同民族的存在，只是在大民族主义思想支配下，那些掌权者只认同占统治地位的民族，而对于文化与己不同的族群，不承认其民族身份而已。当代美国学者本尼迪克特·安德森著有《想象的共同体——民族主义的起源与散布》，认为民族："它是一种想象的政治共同体——并且，它是被想象为本质上有限的，同时也享有主权的共同体。"他夸张了民族主义运动对民族形成的作用，同时把民族等同于作为政治共同体的国家。中国当代民族学的建设走着理性的中国特色的道路。林耀华主编的《民族学通论》导言中讲道：民族学"是一门研究民族共同体的学问""民族学是有明确的对象的，它研究不同时代的民族共同体，没有其他学科像民族学那样，专以民族为研究对象，从这点说，民族学是具有独特性质的一门学科。当然有许多学科都从这个或那个侧面研究民族方面的问题，但不像民族学那样把民族作为一个整体进行全面研究"。这是严格意义上的民族学，它从民族与民族关系的角度来看人类社会。

从以上对三大学科创建的简要回顾中，我们可以得知，三者在内涵上互有重叠，由于来源不同而又存在差异，但可以并进互补，共同推动人类社会的自我认知。在中国，三大学科都是从国外引进的，各自的传统都有所延续，又根据中国的实际情况有所改变。由于特殊的历史条件，三大学科一度中断；改革开放以后，才逐步恢复，显露出勃勃生机。其中，费孝通起了导航的作用。

一、把人类学纳入社会学，建设大社会学

从人类学、社会学、民族学三大学科的本旨看，社会学是重心和主体，人类学是视野，民族学是根基。三者都是研究人类社会及文化，都主张通过实地调查来进行研究，因而都属于广义的社会学，即大社会学。不过，人类学强调跨文化、跨地域、跨民族，要有全球视野；而民族学就是把社会学研究落实到不同民族的社会，使社会学在民族认知的基础上进行。费孝通社会学强调三者的融合。他在2000年写的《创建一个和而不同的全球社会》中说："如果从跟史国禄正式学习人类学算起，我和人类学打交道已经有将近70年的历史了。在这70年里，我贯彻了吴文藻先生的主张，把人类学的学习和研究包括在社会学的范围之内，把社会学和人类学密切地联系和结合起来，我的学术道路一直贯穿着这个原则。"费孝通在此实际上提出了大社会学的概念。他另一篇《试谈扩展社会学的传统界限》，提出许多传统社会学未涉及的新领域新问题，强调了它的人文性方向，他说："社会学的人文

性，决定了社会学应该投放一定的精力，研究一些关于'人''群体''社会''文化''历史'等基本问题，为社会学的学科建设奠定一个更为坚实的认识基础。中国丰厚的文化传统和大量社会历史实践，包含着丰厚的社会思想和人文精神理念，蕴藏着推动社会学发展的巨大潜力，是一个尚未认真发掘的文化宝藏。"社会学应当更为关注社会与人生、历史与文化，而中华文化与历史可以成为社会学发展的新的营养库。如此，在社会与自然的关系上"究'天人之际'"，讲"天人合一"；在揭示"人"的本性上，"在社会学研究中真正开辟一个研究精神世界的领域"，这把哲学也纳入了；古人在研究人的思想、意识时，"以这个'心'字为核心，构建了庞大复杂的思想体系"，讲"将心比心""由己及人"，层层外推，提出"诚""正""仁""爱""恕""己所不欲，勿施于人"的基本伦理道德；"理学堪称中国文化的精华和集大成者，实际上是探索中国人精神、心理和行为的一把不可多得的钥匙"，而现代主流社会学还理解不了它，"我们今天的社会学，还没有找到一种跟'理学'进行交流的手段"。费孝通在"结语"中说："'人'和'自然'、'人'和'人'、'我'和'我'、'心'和'心'，等等，很多都是我们社会学至今还难以直接研究的东西，但这些因素，常常是我们真正理解中国社会的关键，也蕴含着建立一个美好的、优质的现代社会的人文价值。"我的体会：费孝通的意思不是要社会学学者埋头于思想史、哲学史的研究，而是强调社会学学者要大大扩展研究领域，必须懂得古代先贤的智慧，才能真正认识社会及其变迁并引导社会前行。故说："从宏观的人类文化史和全球视野来看，世界上的很多问题，经过很多波折、失误、冲突、破坏之后，恰恰又不得不回到先贤们早已经关注、探讨和教诲的那些基点上。社会学充分认识这种历史荣辱兴衰的大轮回，有助于我们从总体上把握我们很多社会现象和社会问题的脉络，在面对人类社会的巨大变革的时代，能够'心有灵犀'充分'领悟'这个时代的'言外之意'。"研究历史和文化，总结以往经验和教训；面对中国和世界的当代巨大变革，深入认识它的本质和趋势；瞻望未来，为建设和平美好的人类社会共同体提供富有智慧、可以操作的建设性方案 —— 这就是费孝通赋予当代中国社会学的伟大历史使命，它体现了费孝通的哲人的眼光、仁人的胸怀、大贤的气度。我们必须认真加以领会消化，才能逐步走近他的心灵。

费孝通的学生麻国庆教授说："在费先生的研究和思考中，社会、民族与国家、全球被置于相互联系、互为因果、部分与整体的方法论框架中进行研究，超越了西方人类学固有的学科分类，形成了自己的人类学方法论，扩展了人类学的学术视野。"（《民族中的社会与社会中的民族 —— 从费先生的民族研究谈起》）

二、费孝通创建了中国特色的民族社会学

西方有族群社会学，而"族群"的概念比"民族"的概念要宽泛且模糊，包括民族、种族、阶层、集团、职群等。族群社会学重视现实中的族群关系，注重实地调查，关注现代化过程中族

群的发展变化，它运用的是社会学的理论方法，因此是社会学的组成部分。费孝通先生在重建中国社会学的过程中，结合中国情况，首先要解决中华民族的认同问题，他的民族社会学就从这里做起。其显著成就是在1988年香港中文大学演讲"中华民族的多元一体格局"基础上形成一部由他主编、陈连开参与的《中华民族多元一体格局》。这部著作不仅论述了中华民族形成的历史，而且在民族学理论上有重大突破和创新，大大超越了西方族群社会学一些固有的基本理念。

其一，中华民族是不是"民族"？它与56个民族的"民族"是什么关系？

"中华民族"这一概念是20世纪初才出现的。1903年，梁启超提出"小民族主义"，是指汉族和其他少数民族；倡导"大民族主义"，是指"合汉、合满、合蒙、合回、合苗、合藏组成一大民族"，目的是对抗列强的侵夺而实现自立。梁氏在1906年著文，说："现今之中华民族自始本非一族，实由多数民族混合而成。"（引文具见《中华民族多元一体格局》修订本跋，陈连开引）他是"中华民族"语词的最早提出者，且指出了中华民族的多民族混合性。1905年，孙中山在同盟会誓词中提出革命的目标是："驱逐鞑虏，恢复中华，创立民国，平均地权。"具有推翻帝制、实现共和的民主革命性质，但仍有视满族非中华的大汉族主义色彩。至辛亥革命成功后的1912年，他在《中华民国临时大总统宣言》中明确提出"五族共和"："国家之本，在于人民。合汉、满、蒙、回、藏诸地为一国，即合汉、满、蒙、回、藏诸族为一人。

是曰民族之统一。"1924年，《中国国民党第一次代表大会宣言》中明确解说民族主义："国民党之民族主义，有两方面之意义：一则中国民族自求解放；二则中国境内各民族一律平等。"这具有划时代意义。但当时尚未及从民族学角度定义中华民族，孙中山又称民族主义为"国族主义"，强调中华民族的政治实体性，尔后"国族"的称谓一直流行。中华人民共和国成立后，民族学受斯大林影响很大，尤其是他关于民族的定义："民族是人们在历史上形成的一个有共同语言、共同地域、共同经济生活以及表现在共同文化上的共同心理素质的稳定的共同体。"（《马克思主义和民族问题》）此定义在中国民族学界曾一度成为圭臬。但它在20世纪50年代开始的民族识别工作中遇到麻烦，有识之士如费孝通不得不做一定的灵活变通。中国56个民族各自内部未必皆有共同语言（如汉族方言差异甚大），又常常是插花聚居，一族之内经济生活往往农、牧、林、商兼营，唯有共同文化心理素质具有识别民族标准的科学性。

费孝通继承并扬弃了上述理念，从中国历史与现状出发，认定中华民族与56个民族都是民族，它们都是客观存在的人们共同体，守望相助、患难与共，具有亲切认同感和一体感。不过，"多元一体格局中，56个民族是基层，中华民族是高层""高层次的民族可以说实质上是个既一体又多元的复合体"，这种民族多层次论第一次出现在民族学史上。这是实事求是、解放思想的结果，是突破关于民族定义的平面思维的结果。56个民族可以称为单元民族，中华民族则是复合型民族，56个民族由于历史上相互依存、血肉相连、文化互融，已经形成一个更大的命运共同体和文化共同体，即中华民族；同时仍然保持着各个单元民族的个性特色，使中华民族既是一个文化共同体，内部又五彩缤纷。复合型民族是客观存在，这不是推理，而是现实。美利坚民族是不是复合型民族？阿拉伯民族是不是复合型民族？都是可以探讨的。"复合型民族"这一概念的提出，有助于我们认识民族存在形态的复杂结构，认识民族关系的交错重叠，为研究民族问题提供一个崭新的视角，增加了民族学对实际生活的解释力。

中华民族不是所谓"国族"，虽然国家政权的大一统对于巩固中华民族起了重要作用，但中华民族最本质、最牢固的纽带是文化纽带，并由此而形成共同心理和情感意识。因此，当政治分裂时，中华民族作为文化共同体并没有分裂，它的一体性为尔后走向政治统一提供了牢固的思想文化基础。还有，中华民族成员可以跨国而居，在外国他们可以是华侨，也可以加入当地国籍而保留华族的民族身份，如新加坡华族。把中华民族说成是国族，不足以说明历史上国家分裂时中华民族仍然存在，也忽视了海外华人的非政治意识形态性的民族归属感。

其二，中华民族作为复合型民族是怎样形成的？

用历史发展的基本事实来正确回答这个问题，是科学论证中华民族作为文化共同体和命运共同体客观性的必要一环。费孝通在《中华民族的多元一体格局》一文中以深厚的功力，历史与逻辑相统一的方法做了令人信服的回答。总体脉络是："中华民族作为一个自觉的民族实体，是近百年来中国和西方列强对抗中出现的，但作为一个自在的民族实体则是几千年的历史过程中所形成的。"分而言之：第一，说明中华民族生存空间的特殊性。土地广阔，东有大海，北有广漠，西有高原，西南有峻山。"这片大陆四周有自然屏障，内部有结构完整的体系，形成一个地理单元。""民族格局似乎总是反映着地理的生态结构"，东亚大陆从西到东，由高原到丘陵到平原，共三级梯阶，南北跨30个纬度，这种生态环境既制约了中华民族向外的发展，又使它在内部形成多样性经济、民族和文化样式。对于中华民族的生存环境，钱穆先生、冯友兰先生都有论述。钱氏强调的是农业经济带给中华民族的温和性格，冯氏强调的是：中国是大陆国家，有发达的农业文明。费孝通之论可与钱冯之论互补。第二，说明中华民族的文明是多元起源的。早在6000年前即形成不同地区的族群集团和文化。黄河流域有仰韶文化、龙山文化、青莲岗文化、岳石文化等，长江流域有河姆渡文化、良渚文化、大溪文化、屈家岭文化、青龙泉文化等。考古发现"已可说明中华民族的先人在文明曙光时期，公元前5000年到前2000年之间的3000年中还是分散聚居在各地区，分别创造他们各有特色的文化。这是中华民族格局中多元的起点"。第三，由黄帝、尧、舜，到夏、商、周三代，形成中华民族凝聚的核心华夏民族集团，即汉族的前身，夏在中原，商来自东夷，周来自西戎，逐渐混合成民族共同体。第四，秦汉统一后，中原地区形成汉族农业区，北方形成"胡族游牧区"，南北汇合是中华民族共同体扩大的新阶段，有劫掠和战争，但"经常性相互依存的交流和贸易却是更重要的一面"，如茶马贸易。第五，魏晋南北朝少数民族政权纷纷建立，同时中原地区各族大混杂、大融合，至唐代形成以汉族为主的各民族混血政权。"唐代的统治阶级中就有不少是各族的混血。建国时，汉化鲜卑族的支持起了举足轻重的作用，因之他们在统治集团中一直处于重要地位。有人统计，唐朝宰相369人中，胡人出身的有36人，占1/10。"因此，唐朝"实际上是各族参与的政权"。"唐代不能不说是中华文化的一个高峰。它的特色也许就在于它的开放性和开拓性。这和民族成分的大混杂大融合是密切相关的。"费孝通第一次明确道出了大唐盛世的民族学缘由。第六，宋元明清，北方民族不断给汉族输入新的血液。女真人建金国，契丹人建辽国，都促进了与汉族的融合。而元朝、清朝，是由北方民族建立统一政权，更进一步促进了与汉族的融合和自身的汉化。蒙古军的西征和灭宋，"这一场战争在中华民族的格局中增添了一个重要的少数民族，即回族"。"回族就是在蕃客和回回军基础上大量和汉族通婚后，形成包括所有在中国各省信仰伊斯兰教的人。"北方民族大规模进入中原，"不断地为汉族输入了新鲜的血液，使汉族壮大起来，同时又为后来的中华民族增加了新的多元因素。"费孝通对于元、清两朝的评论，把蒙古族、满族视为中华民族成员来看他们与汉族的关系，这种关系当然有对抗与压迫，又有互融互鉴，对于汉族则增添了农业民族所缺少的刚健血液，使之壮大；更重要的是，它有益于澄清至今还在一些汉族中残存的，把蒙古族灭宋建元、满族灭明建清视为外国人入侵中国的"所谓汉族等于中国"严重错误观念。中华民族内部，在旧时代有民族不平等存在，汉族政权压迫少数民族，少数民族政权也压迫汉族，但都是复合型民族共同体内部的矛盾，一旦政权稳定，民族矛盾可以由对抗化为非对抗，许多汉族精英能够参政，汉族的利益会得到一定照顾，各民族间彼此通婚、文化互学也渐成常态。最后，中华人民共和国成立，中华民族新生，民族平等实现，共同建设繁荣富强的国家。因此，元、清两朝少数民族政权与近代西方帝国主义对中国的欺掠及日本法西斯的侵华、实行"三光"政策，不可同日而语，后者的目的是使整个中国成为他们的殖民地，使整个中国人成为亡国奴。如果今天还要宣传"汉族即中国"，那就是把55个兄弟民族排除在外，不仅是严重的政治错误，而且是违法的行为。第七，汉族同样充实了其他民族，汉族有史以来不断地给其他民族输入新的血液。"从生物基础，或所谓'血统'上讲，可以说中华民族这个一体中经常在发生混合、交杂的作用，没有哪一个民族在血统上可说是'纯种'。"第八，汉族不断地南向扩展，同时西部民族也从未停息流动，都使得各民族间的关系日益密切，从生产、生活到文化、婚姻，都形成你中有我、我中有你的混同格局，却又仍然保有各自特色。人口最多的汉族虽然有共同的礼仪和汉字，但内部地方性民俗的差异也是多种多样的。中华民族多元一体格局在历史发展过程中就是这样逐步形成的。

其三，中华民族多元一体格局形成的几个特点

费孝通总结出六个特点。第一，中华民族多元一体格局存在着一个凝聚的核心。它就是早期的华夏族团演变为后来的汉族。

其特色是人口众多，聚居于平原农业区，又在少数民族地区交通要道和商业据点有汉族定居，"形成一个点线结合，东密西疏的网络，这个网络正是多元一体的骨架"。费孝通提出的"汉族是凝聚的核心"很重要，中国如此地广民众，没有一个强而有力的核心是凝聚不起来的，而这个核心又必须有吸引力和包容性。历史上，核心的凝聚作用实实在在地得到了发挥。第二，"少数民族聚居区占全国面积一半以上，主要是高原、山地和草场，所以少数民族中有很大一部分从事牧业。"与汉族形成互补，杂居地区也很多。这一条也很重要。边疆安全、水源涵养、茶马古道、战时后方基地，这些大都在民族地区，它与内地和东部唇齿相依。第三，"从语言上说，只有个别民族，如回族，已经用汉语作为自己民族的共同语言外，少数民族可以说都有自己的语言。"当然，"汉语已逐渐成为共同的通用语言。"费孝通还指出，有些民族如满族、蒙古族，其语言文字在退化。这就加重了在民族地区推行"双语"教育的任务。第四，"导致民族融合的具体条件是复杂的。看来主要是出于社会经济的需要，虽则政治的原因也不应当忽视。"政治上，"秦以后中国在政治上统一的时期占三分之二，分裂的时期占三分之一"；经济上，"汉族凝聚力的来源，我认为汉族的农业经济是一个主要因素"。发达的农业经济吸引了少数民族。不过，在这里要做一个重要的补充：从历史上看，汉族的凝聚力，除了政治和经济因素外，还有发达的礼乐文化，形成强而有力的文化认同。少数民族政权，无论是地方性政权还是全国政权，都实行周代以来、经过孔孟儒学加工的礼乐制度和道德教化，维系着中华礼仪之邦的形象。第五，"组成中华民族的成员是众多的，所以说它是个多元的结构。"其成员人数大小悬殊，汉族人口占百分之九十左右，少数民族在百万以上的有15个，有一些是属于人口较少的少数民族，只有数万人或数千人。尚未识别的民族有80万人。这里给我们提出一个新的任务：民族识别工作还应当继续进行。在这里还要提出一个问题：55个少数民族识别的完成，是在大陆进行的，台湾的少数民族识别未能纳入全国民族识别工作的有效范围，只是统称其为高山族。台湾少数民族至少有13个族群，如阿美人、排湾人、泰雅人、邹人等，其祖源与文化习俗都不相同。

其四，瞻望中华民族的前途

费孝通对中华民族的研究不但是有史有论、有始有终的，而且还关注到它的当代和未来，并向当代中国人提出新的要求。他指出，中华民族在当今已产生两个重大的质变。"第一，过去几千年来的民族不平等的关系已经不仅在法律上予以否定，而且事实上也做出了重大的改变。"民族平等写入宪法，又制定了民族区域自治法，"少数民族的语言和风俗习惯要受到其他民族的尊重。""第二，中国开始走上工业化现代化的道路。"但是汉族地区与少数民族地区发展是不平衡的，"如果我们要坚持在中华民族里各民族平等和共同繁荣的原则，那就必须有民族间互助团结的具体措施。"要先进帮后进，不能满足于法律条文和理论原则，必须去认真做许多事才行。"第三，还可以提出一个问题：少数民族的现代化是否意味着更大程度的汉化？如果是这样，各民族共同繁荣是否指向更大的趋同，而同样削弱多元一体格局中多元这一头呢?"他明确表示不赞成:"我是这样想的:一个社会越是富裕，这个社会里的成员发展其个性的机会也越多;相反，一个社会越是贫困，其成员可以选择的生存方式也越有限。如果这个规律同样可以用到民族领域的话，经济越发展，亦即越是现代化，各民族间凭各自的优势去发展民族特点的机会也越大。在工业化的过程中，各民族生活中共同的东西必然会越来越多，比如为了信息的交流，必须有共同的通用语言，但这并不妨碍各民族用自己的语言文字发展有自己民族风格的文学。"还有，各民族生态条件不同，可以发挥自身特点来提高自己的经济水平。他的期望是:"在现代化的过程中，通过发挥各民族团结互助的精神达到共同繁荣的目的，继续在多元一体的格局中发展到更高的层次。在这个层次里，用个比喻来说，中华民族将是一个百花争艳的大园圃。"费孝通从历史研究中，深深体会到中华民族对文明的创造力和自身的凝聚力，又通过它从自在的民族走上自觉的民族的过程，看到中华民族的延续力与觉醒力，特别是改革开放的成就与民族团结的新气象，使他对中华民族的美好未来充满信心。他相信，一体和多元是统一的，一体要加强，多元也要出新，只要我们善于面对和正确解决新形势下的问题，百花争艳的中华民族就会呈现在我们面前。

三、费孝通的同事、助手研究中国民族学和中华民族多元一体格局的理论成果述要

（一）林耀华

林耀华先生是吴文藻先生门下四大弟子之一（另三位是费孝通、黄遇、瞿同祖），对民族识别、民族调查、民族教育和民族学研究都做出了一系列重要贡献。他主编《民族学通论》，对于"民族"有精辟定义："民族这一历史上形成的共同体，由于在漫长的发展过程中不断发生变化，可能会失去形成期具有的共同地域和经济联系，甚至会失去固有的语言，但共同文化特点却是相对稳定、不易变化的。否则就不成其为原来的民族。因此可以说，共同文化特点是构成民族的最基本特征，或者说，文化是民族的根本尺度。"民族的本质属性被鲜明地揭示出来。

（二）陈连开

陈连开教授是费孝通晚年的重要助手，是费孝通主编《中华民族多元一体格局》一书的主要参与者和操作者，并为修订本写了跋。该书里多篇文章出自他的手笔，对中华民族的起源和形成的历史及特点皆有精深论述，对费孝通的思想有继承，更有发挥。其一，总结出中华民族形成发展的方式："中华文化既是多元区域不平衡发展，又呈现向中原汇聚及中原文化向四周辐射的特点。"或者说："多元起源，多区域不平衡发展，反复汇聚与辐射。"这就把"多元"和"一体"的辩证运动说清楚了，也把华夏/汉族之所以成为中华民族结合凝聚的主干和核心说清楚了。

其二，将原始神话纳入中华民族起源的视野之中，如燧人氏、有巢氏、神农氏、伏羲氏、女娲氏及盘古氏开天辟地，皆"反映着不同阶段的史影"，并指出："在先秦，神农与炎帝原是传说中不同的人或神，秦汉间或许已有炎帝神农氏说法，《史记》仍按不同的神话人物叙述，《世经》与《汉书·古今人表》才明确将炎帝与神农合为一位。此即按'五德相生终始'的理论所作合并。"由此我们可以明白，为什么后世有人常说自己是炎黄子孙，而《史记》开篇《五帝本纪》却从黄帝开始，原来当时的人已将炎帝与神农合一，归到"三皇"（燧人氏、伏羲氏、神农氏代表人工取火、狩猎、农耕三个时期，此乃"三皇说"之一，而炎帝即神农氏）传说中了。司马迁用五帝（黄帝、颛顼、帝喾、唐尧、虞舜）讲传说时代，作为历史的正式开始，以区别于更早的神话时代。其三，总结汉魏时期少数民族与汉族"逐鹿中原"的几个特点："第一，自居中国，并力图与南方汉人建立的王朝争夺'中华正统'；第二，以中国分裂为变态，统一为常态，以统一中国为己任；第三，所建立的王朝制度，以继承秦汉制度为基础，实行农牧民族'胡汉分治'，以汉人农业经济为立国之基，与以汉文化为主导的农牧文化相结合；第四，认同自身是炎黄裔胄。由于以上特点，使原先仅限于汉人称'中国人'，此时'中国'已改变为各民族共有的称号。"其四，概括出中华民族从自发到自觉联合的阶段，划分为三个历史时期：（1）"从1840年到1911年辛亥革命以前，中华民族在反帝、反封建斗争中的自发联合"；（2）"1911年辛亥革命以后至1949年中华人民共和国建立以前，是中华民族在明确的政治纲领指导下联合起来，并且终于推翻了帝国主义、封建主义、官僚资本主义统治，获得了中华民族独立解放的历史时期"；（3）"1949年10月1日到当前，是中华民族在获得了民族解放和独立以后的蓬勃发展时期，根本的问题是在现代化的基础上实现中华民族的振兴和祖国的完全统一。"陈教授点明了三个时期的特征：自发联合、独立解放、民族振兴与国家完全统一。

四、费孝通把社会学扩大为人类命运共同体研究

费孝通晚年有两大创举：一是解决了中华民族共同体内部结构的科学认知，前文已述；二是在中华民族多元一体格局基础上，提出人类命运共同体社会学的基本理念。费孝通极其关注全球化和网络时代人类应如何相处的问题，对于当代世界上的冲突不断深为忧虑。社会学的眼光应聚焦于此，并提出维护和平与发展的可行方案，这是当代新社会学的历史使命。他在2000年写的《新世纪 新问题 新挑战》中说："10年前我应教育部之邀在'21世纪婴幼儿教育与发展国际会议'上讲话，在讲话中，我开始探讨21世纪将是什么样的世界，提出了21世纪要解决的主要问题之一是：各种不同文化的人，也就是怀着不同价值观念的人，怎样在这个经济和文化上越来越息息相关的世界上和平共处？人类在21世纪怎样才能和平地一起住在这个小小的地球上？我还指出，为了解决这些问题，我们在精神文化领域里需要建立起一套

促进相互理解、宽容和共存的体系，我称这个体系为'跨文化交流'。'跨文化交流'牵涉到人对人、人对社会、人对自然的基本关系，而与文化的自觉和文化的相互尊重有着更为密切的关联。此后，在一系列的论述中，我提出了一个'文化自觉'的看法，以表达当前思想界对经济全球化的一种反应。'文化自觉'是当今时代的要求，并不是哪一个人的主观空想，它指的是生活在一定文化中的人对其文化有'自知之明'，并且对其发展历程和未来有充分的认识。同时，'文化自觉'指的又是生活在不同文化中的人，在对自身文化有'自知之明'的基础上，了解其他文化及其与自身文化的关系。10年前，我80岁生日那天在东京和老朋友欢叙会上，我曾展望人类学的前景，提出人类学要为文化的'各美其美，美人之美，美美与共，天下大同'做出贡献，这里特别意味着人类学应当探讨怎样才能实现文化的自我认识、相互理解、相互宽容和并存及'天下大同'的途径，这正是我提出'文化自觉'看法的背景的追求。简单地说，我认为民族关系的处理要尊重'多元一体格局'，'多元一体格局'是在中国文明史进程中发展出来的民族关系现实和理想，这对于处理文化之间的关系，同样也是重要的。全球化过程中的'文化自觉'，指的就是世界范围内文化关系多元一体格局的建立，指的就是在全球范围内实行和确立'和而不同'的文化关系。"上述一大段文章，费孝通已把自己建立全球化中的人类学的思维进路说得再清楚不过了。其要点是：（1）21世纪世界在全球化过程中已是地球村了，不同民族和文化的人们息息相关，必须在精神文化上有一套相互和平共处的体系；（2）建立这样的跨文化体系，需要有文化自觉，也就是清楚了解自己文化的优缺点，即有自知之明，同时也能尊重他者的文化，看到别人的优点和不足，找到相互交流的途径；（3）新的人类学要为"各美其美，美人之美，美美与共，天下大同"做贡献，这十六个字是文化自觉在处理全球多元文化关系中的文明规则，因为它的精神实质是自我认识、相互理解和宽容，携手共建大同世界；（4）中华民族多元一体格局也应该成为世界范围内多元文化关系的格局，中国能做到的，世界也应该能够做到；（5）文化关系中包含人对自然的关系，这就是今日人人关心的生态文明问题，文化自觉必须能够善于保护环境、节约资源，人类才可能持续发展；（6）孔子"和而不同"的儒家理念，是我们今日实现文化自觉的伟大智慧，是建设人类命运共同体的文化基石；（7）当代人类学或社会学或民族学，是确立并找到"美美与共"的可靠途径，这是一门大学问，要联络全世界有识之士共同参与，方可成功。

费孝通与中华文化多元通和生态模式

　　我在研究中华文化尤其是宗教文化的过程中，从中国文化史、宗教史实际出发，依据费孝通的中华民族多元一体格局的理论，推出多元通和模式，用以解释中华文化的多元性与通和性，得到学术界普遍认同。我认为文化多元通和模式的最大秘密在于中华民族的多元一体。作为中华民族凝聚核心的汉族，是多民族混血而成的融合型民族。它像滚雪球那样越滚越大，成为世界上人数最多的一个民族，其缘由在于它有很强的接纳性、融合性，包容内部多种多样的差别，而以礼教、五常、汉字为边界。汉族像一块大磁铁，把许多独立发展的少数民族吸引在自己周围，形成无形的、巨大的文化磁场，彼此在血缘上互渗，在地域上交叉，在文化上互动，你中有我，我中有你，又保持了多民族、多地域、多品类的文化差异性，这样的文化有强大的生命力，易于达到和谐相通，不引起暴力冲突。人们习惯了多民族的共居，自然也习惯了在多种信仰并存氛围中生活。费孝通首次揭示了中华民族多元一体格局的双层性和多元一体的动态结构，给我们顺利开启中华文化大门提供了一把钥匙。简单地说，是民族的混血与和谐造成了信仰文化的混血与和谐，是多元一体的民族格局造就了多元通和的文化模式。

那么，我们为什么不把中华信仰文化直呼为多元一体呢？因为民族与信仰两者之间还有差别。多元民族作为社会实体相对稳定地生活在中华大地上，其地域的边界是比较固定的；而信仰作为精神文化，包括儒学与佛教、道教、伊斯兰教、天主教、基督教等各种宗教文化，没有有形边界，其流动性比较大，有进有出，又与民族不直接对应，儒、道、佛三家跨民族而流布，有10个民族信奉伊斯兰教，而基督教、天主教流行于汉族部分地区和若干少数民族地区。所以，可以说中华民族既多元又一体，而对于信仰文化可以说多元，不宜说一体，却可以说是多元与通和。中华民族多元一体格局是中华信仰文化多元通和的基石，这是因为人与人之间的关系决定文化与文化之间的关系，民族通和是文化通和的前提，没有民族通和，便没有文化通和。

秦家懿、孔汉思著《中国宗教与基督教》（三联书店，1998年版）中提出了著名的世界三大宗教河系理论：第一大宗教河系源出于闪米特人，以先知预言为其特点，即亚伯拉罕系三大一神教犹太教、基督教、伊斯兰教；第二大宗教河系源出于印度民族，以神秘主义为其特点；远东的第三大宗教河系源出于中国，其中心形象既不是先知，也不是神秘主义者，而是圣贤，这是一个哲人宗教。该书对三大宗教河系的各自特点的阐述未必全都得当，但三大宗教河系却是存在的。对于中国宗教河系如何认识，在世界上一直有争议。如英国学者尼尼·安斯马特在《世界宗教》（第二版中文版，北京大学出版社，2004年版）中说："西方人经常会对中国的宗教感到困惑，他们以为中国的宗教和哲学思想可以按照西方的方式来划分。"又说："从西方人的观点来看，中国宗教实在是一个大杂烩。"他描绘出欧洲文化中心论者的心态。比较开明的美国学者保罗·尼特在《一个地球 多种宗教》（王志成译，宗教文化出版社，2003年版）"作者致中国读者"中，从跨文化比较的视野出发指出："中国这个宗教多元的国家，在她过去两千年就已经成了一个宗教间共存的国家"，"今天，那些称自己有宗教信仰的（甚至那些称自己没有宗教信仰的）中国人都是宗教的混血儿。他们不像欧洲人和美国人，他们并没有在唯一宗教模式中成长。"他意识到中国人宗教信仰的混血性即多元融合性。今天，从中国特色宗教学的角度看，亚伯拉罕系宗教发展模式可称为一元分化式，源头是一个，即希伯来文化，然后不断分化出三大一神教及众多教派，彼此渐行渐远，不断发生冲突，至今看不出相互走近的趋势。印度宗教的发展模式可称为一元蝉变式，婆罗门教起主导作用，与种姓制度紧密结合，它自身不断变革，发展为印度教，其间出现平民化的佛教，继而被排挤出局，后来伊斯兰教进入，却不能与印度教即新婆罗门教和平共处，使印度分裂，出现以伊斯兰教为国教的巴基斯坦。中国宗教发展模式可称为多元通和式，它从开始即表现为多元发生与不断汇合与沟通，在交互渗透中分化创新，既保持其发展的多样性，又保持其共生的和谐性，同时在挺立民族文化主体性、连续性的前提下，以开放的姿态、宽厚的心胸，不断接纳外来宗教和文化，使它们有生存和发展的空间，并与本土宗教和文化友好相处、互学共进，使中华文化更加多姿多彩。中国几乎成了世界诸多宗教的缩影，被称为"宗教的联合国"，又率先实践了西方至当代才提出来的"文明对话""宗教对话"，不仅是对话而且是合作，从而避免使宗教之间的差异和矛盾激化为大规模的冲突和对抗，没有发生欧洲"十字军东征"的惨剧和当代中东民族宗教间不断发生的流血战争，给世界做出了一个榜样。当然，在中国历史上，政教之间、各宗教之间、教派之间也发生过摩擦乃至暴力介入，但那些都是暂时的支流的现象，很快就被抛弃，没有成为传统。

在原始时代，各古邦国多种多样的图腾崇拜汇聚成综合性的龙凤图腾。据《国语》《春秋·左传》《史记·五帝本纪》所载，黄帝族及其分支崇拜熊、天鼋和蛇图腾，炎帝族姜姓信奉羊图腾或火图腾，有虞氏妫姓崇信象图腾，夏后氏姒姓信奉蛇图腾，少皞族以鸟纪尚鸟图腾，太皞族以龙纪信龙图腾。《诗经·商颂》说："天命玄鸟，降而生商"，可知商族以玄鸟即燕子为图腾，可能是少皞族之后。此外，从华夏族传说中对四夷族群的称呼看，还存在许多动物图腾，如《说文解字》所说："南方蛮闽从虫，北方狄从犬，东方貉从豸，西方羌从羊。"后来在氏族、邦国的交往中，各族群的图腾不是一个取代另一个，而是互相融合，出现了两支综合性图腾即龙与凤，经过集体往复加工，集中了许多动物图腾的优点，呈现为多姿多彩的艺术形象。龙的形象以蟒蛇和闪电为躯干原型，融进鳄蛟、豢豕，以及马、鹿、虎、驼等要素而成，如王符所说：龙"角似鹿，头似驼，眼似兔，项似蛇，腹似蜃，鳞似鱼，爪似鹰，掌似虎，耳似牛"（罗愿《尔雅翼》引）。龙有翼能升天，有鳞能入水，能显能隐，矫健生动，飞腾变化，行云施雨，有利稼穑，逐渐成为代表以农业立国的中华民族精神气质的文化象征符号，为中华民族多数成员所认同，尊为雨神。作为中华思想文化之源的《周易》，其乾卦用六龙为象，说明事物变化之道。从考古资料上看，内蒙古三星他拉村出土的五千年前的玉龙，以蛇为躯，又有头鬃出现。河南濮阳西水坡仰韶文化墓葬出土的蚌壳摆塑的龙虎图案，其龙的造型已具后世综合式龙的雏形，被称为华夏第一龙。经过商周的玉龙、青铜龙，到汉以后的黄龙，直到明清的九龙壁的大龙，龙的形象越来越高度艺术化。虽然历朝皇帝想垄断龙的图像，但龙的民族性和文化性依然穿越时空，在帝制瓦解后，回归到民间。中国人从龙的形象里找到了自己的民族身份，自称是龙的传人。凤是鸟类图腾的艺术综合，其原型为家鸡、鸳鸟、燕子、孔雀等，特色是华贵美丽、吉祥高洁。最早是凤为雄、凰为雌。自从龙成为男性艺术象征后，凤凰合一，成为女性美的艺术象征，也意味着男女家庭的和谐、圆满。

在图腾崇拜之后，远祖崇拜应运而生。中国有"三皇五帝"的神话传说，中华民族远祖不是一位，而是多位系列。"三皇"说的主流是：燧人、伏羲、神农，代表人工取火阶段、渔猎畜牧阶段、锄耕农业阶段。《易传·系辞》说，伏羲"始作八卦"。后来神农与炎帝合一，"五帝"说便从黄帝开始。《史记·五帝本纪》

所表述的黄帝、颛顼、帝喾、唐尧、虞舜是中华民族主流的远祖认同，它是血统之根与文化之根的合一。《五帝纪》说，黄帝"修德振兵""抚万民、度四方"。《帝王世纪》说，其"史仓颉又取象鸟迹，始作文字"。《尚书·尧典》说，大尧"克明俊德，以亲九族；九族既睦，平章百姓；百姓昭明，协和万邦"。传说中的"五帝"共同点是圣明、仁德、益民、功业盛大，其中蕴含着中华民族民本、贵和、创新的品格。《中庸》说："仲尼祖述尧舜，宪章文武。"孔子儒学正是继承了五帝与三代的文明而创建起来的。由此可知，中华民族主要是靠祖先认同来实现多民族认同的。

夏、商、周三代出现民族国家，初步形成有多元一体的中华民族双层结构；与之相适应，宗教文化则表现为敬天法祖。夏居于黄河中下游，商起于东夷集团，周是西戎的一部分。孟子赞赏大舜与周文王，他在《离娄下》中说："舜生于诸冯，迁于负夏，卒于鸣条，东夷之人也。文王生于岐周，卒于毕郢，西夷之人也。"不论出身什么民族，只要能传承和践行古代礼乐文明，都是中华的圣人。天作为至上神源起于尧舜时代对大自然的敬畏。《论语·泰伯》说："巍巍乎！唯天为大，唯尧则之。"《尚书·舜典》记载，大舜"肆类于上帝，禋于六宗，望于山川，遍于群神"。夏代称天，殷代多称上帝，周代则合称昊天上帝，开始把天命与德政结合起来。《尚书》提出"皇天无亲，唯德是辅"（《蔡仲之命》），申明："民唯邦本"，"不敬厥德，乃早坠厥命"（《召诰》），"民之所欲，天必从之"（《泰誓》）。天命靡常，不论什么民族当权，只要修德敬天，天都保佑；只要虐民乱德，天都抛弃。于是"天"成为多民族共同敬祭的最高神灵，它对于各民族是一视同仁的。

春秋战国时期人文主义兴起，出现百家争鸣的局面，其中孔子儒家是道德型人本主义，老子道家是自然型人本主义，都具有超越神本主义的理性意识。孔子儒家"敬鬼神而远之"，主张"神道设教"，对各种信仰采取"和而不同"的态度；老子道家讲"道法自然""其鬼不神"，对各种信仰采取"容乃公"的态度，认为"天网恢恢，疏而不失"。儒、道两家都以人为本，超越了神学，但两家对古代宗教都是温和的突破，不反对宗教，而用人道去解释神道，把神道纳入社会道德教化的体系之中，使之发挥积极的作用。由于儒家后来成为中华文化的主干，儒、道互补成为中华文化的基脉，使得中华民族成为多民族、多宗教的实体，人文与宗教、温和无神论与温和有神论交错共存、并行不悖，奠定了中华民族发展的温和主义精神方向。

两汉魏晋南北朝时期，敬天法祖教重建，儒家六经哲学繁荣壮大，自汉朝起成为社会主流意识形态；道家哲学分化出黄老派、隐逸派、批判派、神仙派，于汉末出现崇信多神、重视长生养生的道教；佛教传入并逐步中国化，讲六大精神：缘起、因果、中道、平等、慈悲、解脱，其中既有精致的哲学，又有拜佛祈福的宗教。于是形成"三教六家"。魏晋南北朝时期，多民族大规模迁徙、争权和融合；"在北方，匈奴、鲜卑、羯，和氐、羌的相当部分，通过这一时期，与汉族融合了：在南方，由于汉族的政治中心南移和大批汉人南迁，促进了南方社会的发展，对南方少数民族的影响也大为加强。"（翁独健主编《中国民族关系史纲要》）这一态势不仅促使各民族的民族性优点互补共进（如农耕民族的柔和与游牧民族的刚健互补），也丰富和扩大了中华文化的内涵和空间，宗教信仰呈现更加多元化趋势。儒、道、佛三教在争论中求同，彼此吸收，"殊途同归"论和"均圣均善"论渐成主导，为隋唐统一文化政策奠定了基础。这一时期，北方少数民族政权都纷纷以中华文化正统传承者自居，用礼教和儒学治国理政、推行道德教化。如北魏拓跋氏政权崇重儒教，《魏书·儒林传》说："太祖初定中原，虽日不暇给，始建都邑，便以经术为先，立太学，置五经博士生员至三千人。"孝文帝全面推行儒化政策，实行儒家典制礼俗，欲建立"父慈、子孝、兄友、弟顺、夫和、妻柔"的社会（《魏书·高祖纪下》）。北朝政权更迭数次，而治国之道均认同"三纲五常"和"敬天法祖"，并在三教文化上与南朝有着密切来往，从而在政治分裂的情况下，保持了中华文化共同体的延续和发展，为此后政治上的大一统提供思想文化上的支撑。

隋唐时期尤其唐朝，是中华的盛世，也是各民族融合的新阶段，多元一体的民族格局形成宏大规模，这与唐太宗的贞观之治有直接关系。唐太宗具有民族平等思想，说："自古皆贵中华贱夷狄，朕独爱之如一，故其种落皆依朕如父母。"（《资治通鉴·太宗纪》）在文化上实行三教并奖政策，三教鼎立与合流左右着此后历代王朝直至清末。其中儒为主导，佛、道为辅，佛、道二教皆以儒家纲常为自身的道德，并用神道加以推行。儒家经学统一，《五经正义》成为科举考试的标准读本，唐太宗据以进行制度建设，认真实践"为政以德""民为邦本""纳谏用贤"等先贤教诲，于是国家大治。佛教实现中国化而有禅宗行世，它用广大精致的哲学吸引士人，使其看得开、放得下，它用因果报应满足民众对来世的追求，玄奘去印度取经，加深了中印友谊。老子名李耳，被视为李唐始祖。道教向往长生，重视养生和医学，其"性命双修"的内丹学能促进健康，又可以用祈禳法术为民间提供宗教服务，因而有其存在发展空间。三教彼此吸收，渐行渐近，合流趋势更加明显。此时有景教、伊斯兰教和平传入，还经由丝绸之路，传入祆教、摩尼教。我把此时中华文化的多元通和模式概括为"一、二、三、多"的结构和态式："一"就是以儒学为主干；"二"就是以儒、道互补为基脉；"三"就是以儒、道、佛三教为内核；"多"就是多样民族文化和多种外来宗教不断出现和进入。这使得中华文化既有主体和核心，又是多元与开放的。儒家文化源于父系社会，其仁爱通和之学正是继承和发挥了《周易》的以乾卦为首的自强不息、厚德载物、刚健中正的生命哲学，它强调"人文化成"，即后天的教育修身，以"修己以安人"为人生事业，其积极进取的精神更多地表现出父性男性的风格。道家文化源于母系社会，其贵柔守雌、法天贵真的生命哲学，乃是继承和发挥了《归藏易》以坤卦为首的母性文化（金景芳之说），因而强调"返璞归真"、母性慈爱，去掉后天不良积习，回归本然纯朴的人生。儒、道互补的人生，是阴阳互补、刚柔相济的人生，既能不断积极有为、参与社会事业、"敬业乐群"，又能不断回归自我，保持个人自由意志。中国哲学的主流就是在儒道互补中前行的。佛教进入后，又增添了一支新的人生哲学流派。儒家、道家、佛教思想成为当时大多数中国人的三大精神支柱，组成文化三角间架，并把影响辐射到各种多样性民族宗教和地方文化之中。

　　宋辽金至夏元明时期，民族关系的矛盾尖锐，战争频繁，直到元朝统一，而后明朝建立。礼教与儒学仍然是各民族文化的主导，佛教则是沟通西部各民族与东部的桥梁，道教也成为汉族和许多少数民族共同信仰的文化。这一时期儒家与道教、佛教思想进行深层理论融合，催生出新儒家——宋明道学，包括理学和心学；佛教进一步中国化，禅宗发展到新水平；道教则出现全真道，其儒化和佛化的程度是空前的。儒家程朱理学的本体论和心性论就是吸收佛、道而成的，其"理体气用""理一分殊"之说吸收了华严宗的"四法界"说和"一多互涵"论，其以"道"为最高哲学的理念得益于老子的道论。心学以"心"统领性情、理气，来自佛教禅宗的佛性本有、即心即佛和道家的道心人心之说。元朝延祐年间，正式以朱熹《四书集注》为科举考试标准读本，以游牧民族铁骑远征而闻名于世的蒙古族贵族终于认同儒家礼教，视为治国之道。金元之际，全真道兴起，不再追求肉体长生，转而追求精神解脱。其"功行两全"要求在练功的同时行善积德，其"性命双修"，"性"功是心理训练，从儒、佛而来，"命"功是生理训练，是道教本色。王重阳提出修道者要"断酒色财气、攀援爱念、忧愁思虑"，甚至要"心忘诸境""不着空见"（《重阳教化集》），他明白宣示三教平等、三教一家，三教

"似一根树生三枝也"（《全真教祖碑》）。丘处机说："儒释道源三教祖，由来千圣古今同。"（《磻溪集》）当成吉思汗远征西域到达雪山（今阿富汗之兴都库什山）时，丘祖应邀西行见成吉思汗，往返四载，历经艰险，用儒家敬天爱民、去杀行仁的观念劝说成吉思汗，使之收敛屠戮行为，其仁厚爱民、慈勇自尊的精神感动了成吉思汗，受到尊重，用其影响拯救了无数生命。后来，乾隆皇帝为白云观丘祖殿题联："万古长生不用餐霞求秘诀，一言止杀始知济世有奇功"。于是全真道达到鼎盛，它对忽必烈建立的元朝接纳儒、道、佛文化起了推动作用。道教另一教派天师道在南方流行，它与天师道互有吸收而无冲突。佛教在宋元明时期出现一批推扬三教融合的代表人物。如孤山智圆推崇《中庸》，明教契嵩用五戒之律解说五常之德，憨山德清提出为学之要："不知《春秋》不能涉世，不知老庄不能忘世，不参禅不能出世。"（《老子道德经憨山注》）佛教在禅宗成为主体的同时，以阿弥陀为主神、以念佛名号为修持的净土宗在民间普及，它跨越了佛教各宗而被共信。与此同时，伊斯兰教以儒诠经，实现了中国化。基督教和天主教正在探索摘掉"洋教"的帽子。

清代继续以理学治国，以佛教、道教辅助，不过重点有所转移。儒家考据学大兴，而义理之学由于文字狱而衰微。佛教中藏传佛教更受重视，后期则有居士佛教兴起。道教由于缺少高道和教义创新而走下坡路，却对若干少数民族的文化加大了渗透，如道教成为瑶族主要信仰之一，彝族的毕摩教、白族的本主信仰、壮族的布洛陀信仰、纳西族的东巴教，以及北方若干民族的萨满教，都吸取道教的要素充实自身。

民国以来，中国在内忧外患中改革前行，在西方文化大潮的冲击下，"全盘西化"观念盛行，"一、二、三、多"的多元通和模式面临严峻挑战，儒、道、佛三教被边缘化，又在步履维艰中复兴。儒学退出官学地位，并被进步人士视为现代化障碍，人们分不清它的精华与糟粕，"五常"与"三纲"一起受到激烈否定。同时儒学又有潜在生命力，它在精英层面催生出当代新儒家，坚定走融合中西、贯通古今之路；它在民间层面仍然是道德风尚的基础。一些通士大师如孙中山、陈寅恪、梁启超，都能保全中华优秀文化，并用西方的自由、民主、平等、博爱等思想激活衰落中的儒学，而当代新儒家梁漱溟、熊十力、钱穆、冯友兰、贺麟、方东美、唐君毅、牟宗三、徐复观等，致力于综合创新，提出各自的新儒家学说，推动儒学现代转型。道教也在缓慢地转型，其代表人物陈撄宁大师提出"新仙学"，试图将西方科学注入养生学，形成道家生命哲学。佛教有以欧阳渐、吕澂为代表的"居士佛教"在发展，有太虚法师倡导"人间佛教"，出现新气象。伊斯兰教发起新文化运动。基督教和天主教则开展本色化运动。

在内部改革开放、外部经济全球化的今天，面对国内经济腾飞，同时国际民族宗教流血冲突不断，"冷战"思维左右国际政治，有越来越多的中国人清醒地认识到，中华优秀文化不能丢，它是中华民族伟大复兴的支撑。中华文化多元通和模式能够在保持文化的民族主体性的同时，以开放包容的胸怀吸纳西学和人类文明成果，不仅为中华文化的复兴注入鲜活的生命，实现中华文化、西方文化与社会主义文化之间的会通，同时也能为人类摆脱"贵斗哲学"和社会达尔文主义的困扰，维护世界和平与发展，建设人类命运共同体，提供中国智慧。正如费孝通期望民族多元一体应走向世界，多元通和模式也应成为一种世界文化模式，这样，人类的未来必将是光明的。

费孝通与民族宗教学

　　早在1956年8月，费孝通与林耀华合写了《中国民族学当前的任务》，内中有一章是"关于少数民族宗教信仰的研究"，他写道：

　　少数民族宗教信仰的研究作为当前民族学的一项任务提出，是因为宗教信仰不但在历史上，而且在当前，在许多少数民族人们生活中和民族关系上占有重要的地位。宗教信仰是人类在一定时期的历史产物，与人们的自然斗争和阶级斗争有着密切的关系，民族学者把宗教信仰作为一种社会现实来分析，着重在了解它对人们生活所起的作用和它的变化。宗教不是民族的特征，那就是说宗教的变化和人们共同体的形成和变化并没有绝对的关系。历史上有着很多例子，一个民族从信仰一种宗教转变到信仰另一种宗教，或是同一民族中存在着不同的宗教，这些都不影响到共同体的稳定和完整。但宗教信仰在文化和生活上所起的作用却可以是很严重的，有些民族的人从生到死在一切重要的社会节目上，都充满了宗教的仪式；有些民族的宗教和政治密切结合起来，成为统治机构中不可分的部分。藏族就是这样的一个例子。而且有些民族之间由于宗教信仰的不同，往往引起复杂的民族关系，成为民族问题的一部分。对于这些民族的宗教信仰的研究是特别重要的。我国少数民族的宗教信仰是多种多样的，大体上可以归纳为下列几类：（一）图腾信仰：如高山族的派宛部崇拜神蛇，认为和他们的祖先有关。他们的雕刻、绘画以及生活用具上的装饰常用这种图腾做主题。瑶族中有龙犬的传说和崇拜仪式，也可能是这种信仰的残余。（二）萨满信仰：在东北地区和内蒙古自治区的赫哲、鄂伦春、达斡尔以及通古斯和索伦等部族中流行这种信仰，巫师称萨满，群众认为他们具有一种超自然的能力，能知祸福和能驱鬼治病。（三）多神信仰：在西南、中南等地区许多少数民族中流行，内容并不是一样的，他们相信各种东西会成仙作怪，还有许多善神恶鬼。各族有自己的巫师，如彝族的"毕摩""苏桌"，纳西族的"多巴"，黎族的"道公"和"娘母"，苗、瑶等族的"鬼师"，佤族的"莫巴"等。（四）藏地佛教：是大乘佛教与西藏原有的宗教结合而发展成的。现在主要流行在藏、蒙古、土（青海）、裕固等族中。藏地佛教有多个教派，如苯派（黑教）、宁莫派（红教）、萨迦派（花教）、噶举派（白教）、格鲁派（黄教），目前以格鲁派（黄教）最为盛行，寺院和信徒最多。格鲁派有名的六大寺：西藏的哲蚌、色拉、噶丹、扎什伦布，青海的塔尔，甘肃的拉卜楞。每个寺院的喇嘛人数超过1000人，有的达五六千人。（五）小乘佛教：主要流行在云南傣族和部分佤族中，寺院称为缅寺，男子在少年时入寺学经，几年后还俗娶妻。（六）伊斯兰教：有回、维吾尔、哈萨克、柯尔克孜、保安等10个民族信仰伊斯兰教。总数在800万人以上。（七）基督教、天主教、东正教：都是西方传入的，近百年来和帝国主义的侵略阴谋有密切关系。基督教的势力主要在西南区，如苗、佤、傈僳、拉祜、景颇等族都有一部分信徒。民族学对于上述这些少数民族宗教信仰可以说还没有进行系统的深入研究。但根据我们的初步认识，在进行这些研究时下列几点是值得注意的：（一）宗教意识和民族意识的结合是值得注意的第一点。最显著的例子是回族和伊斯兰教的关系。在回族人民意识上一般觉得伊斯兰教是他们这个共同体的共同信仰。这种共同信仰被认为和回族之成为一个共同体似乎是分不开的。当然这并不是说宗教已经成为人们共同体的特征，而是说，共同信仰已经成为反映共同心理素质的文化特点。宗教意识和民族意识就是这样密切地结合了起来。宗教意识和民族意识在其他民族中并不都是结合得这样密切的。比如苗族和他们的多神信仰就不是这样。苗族人虽则大多具有这种信仰，但是并不意识到这是他们这个共同体的共同信仰。而且各地苗族也可以吸收其他民族传入的不同的神作为他们的供奉对象，甚至有部分信奉了基督教。这些信仰上的差异并不影响他们都相互承认是属于同一的共同体。这就是说宗教意识和民族意识并没有结合在一起。各民族在这个问题上情况是不一致的，二者结合的程度也不同。（二）宗教和政治的结合是值得注意的第二点。我国少数民族中在这个问题上最突出的是西藏藏族的政教合一制。这个制度曾经维护和巩固了他们的封建社会经济基础。至于这个制度的具体内容，我们现在还研究得不够。比如寺院在政治和经济上有着什么地位和作用？通过广泛吸收各阶级的人成为喇嘛，寺院怎样和群众密切联系？这些都是值得深入了解的问题。在我国历史上还有一个突出的问题，就是过去的民族运动和农民运动常常和宗教发生密切关系，不但少数民族过去反抗压迫的运动很多以"卫教"为口号，就是包括汉族在内的农民运动也很少不打出宗教的旗帜。宗教的口号和旗帜能在群众中发生动员的作用，这也说明了宗教和政治的关系绝不是很简单的。宗教固然常服务于统治阶级，但有时对群众运动也有一定作用。特别是民族关系上，宗教所起的作用更不应当低估。这些都是必须结合具体历史条件进行研究的问题。（三）宗教和帝国主义侵略的结合是应当提出来注意的第三点。派遣和利用传教士作为侵略先锋是帝国主义惯用的策略。不但在中国历史上可以看到，在世界各殖民地也可以看到。事实告诉我们，在我国很多少数民族地区，特别是西南，从边疆到内地，从清代后期到中华人民共和国成立前夕，帝国主义者所建立的教会拥有很大的势力，曾经成为事实上的独立王国，而且通过小恩小惠深入一部分少数民族群众的人心，在我们的领土内插入了侵略的据点。中华人民共和国成立后这些帝国主义的特务被驱逐了，但是这段历史所发生的影响还不可能在短期内完全消灭。我们对这段历史的研究在一定程度上还具有现实的意义。

以上这段文字，是费孝通一生所仅见的系统论述少数民族宗教的文章，已经具有了基本理论框架，也体现了历史与逻辑的统一，对待宗教的态度是同情的理解和理性的评说，也注意到各种宗教的差异及其在不同历史时期的多重复杂功能，在1956年可以说是孤明先发，只可惜接着而来的反"右派"斗争，使他丧失了继续研究的条件，直到老年也未能正式回到这一研究主题上来。不过，他后期有关民族学研究的成果，却催生了一门新学科：民族宗教学，它是由中央民族大学哲学与宗教学学院的学术团队在实施"985工程"二期建设中构筑起来的。由我带领一些年轻学者编撰出版了《民族宗教学导论》（宗教文化出版社，2009年），其中渗透着费孝通的相关思考和智慧。

20世纪90年代中期以来，我与几位朋友深感民族与宗教的关系是一个全面认识中国和人类历史文化的大问题，有较强的理论性和学术性；同时也是一个关乎民族团结、社会稳定与国际和平的重大现实问题，越来越受到人们的关注。但由于几十年形成的许多人士对宗教知识的缺乏与偏见，再加上学术研究分科日趋细密和管理部门因分工而缺乏协作，民族问题与宗教问题是被分开对待的，像是两股道上的跑车，民族学长期忽视宗教研究，后起的宗教学也不甚关心民族问题，两者的关系研究遂成为一个学术盲区。有鉴于此，时任中央统战部副部长的张声作组织一些青年学者撰写出版了《宗教与民族》（中国社会科学出版社，1997年）。我们学院创办了《宗教与民族集刊》，汇集了一大批研究成果。我的学术伙伴张践教授写出《中国历代民族宗教政策》《宗教·政治·民族》等专著。在2005年秋冬到2009年"985工程"建设项目实施中，我与张践、游斌、曹兴、王志捷、张咏组成课题组，集中研讨民族与宗教关系问题；宗教学名家吕大吉为顾问，他曾与何耀华主编五卷本《中国各民族原始宗教资料集成》，从源头上提供了有关各民族原始信仰的丰富文献资料和田野调查资料。由于团队大都出身于哲学和宗教学，对于民族学较生疏，便自觉补课，认真阅读历史学、政治学、文化学、社会学著作，对于费孝通、林耀华等大家所著的民族学名著，更是下大功夫阅读。在西方早有宗教人类学，金泽研究员写有《宗教人类学导论》（宗教文化出版社，2001年），对此有系统介评。西方宗教人类学为中国民族宗教研究提供了思想营养，但西方没有民族宗教学，其民族学与宗教学虽然交叉发展，却始终没有结合成一门相对独立的民族宗教学。以人类学的视野研究宗教，固然在客观上就是研究各民族的宗教并加以比较，但西方学者没有达到自觉地以严格意义上的"民族"（以文化为纽带的特定社会实体）为视角，以民族与宗教的关系为主轴去考察民族宗教问题，而且中国的民族与宗教的资料被严重忽略，乃至被曲解了，例如，列维·布留尔的《原始思维》就用"互渗律"解说中国几千年文明。不过也有自觉摆脱"欧洲中心论"的学者，如美国历史学派博厄斯，就提出文化相对论和文化辐合论，认为各民族都有自己特定的历史和文化，在价值上是平等的，没有高下优劣之分，又认为不同民族的文化道路不同，但可以殊途同归，各民族文化的独立发展和互相传播是同时进行的。他没有建立自己的宗教学理论，但他的文化相对论却为我们开拓民族宗教学提供了多元平等的视野。

一、民族宗教学可运用的各种理论资源

（一）马克思主义民族理论和宗教理论

马克思继承西方人类学成果，对摩尔根《古代社会》一书做了摘要。恩格斯在《家庭、私有制和国家的起源》第一版序言中指出："摩尔根的伟大功绩，就在于他发现了并且在主要方面恢复了我们成文历史的这种史前的基础，并从北美印第安人们的氏族联系中，找到了一把钥匙来解决古代希腊史、罗马史和日耳曼史中那些极其重要，至今尚未解决的哑谜。"他在第四版序言中进而指出："巴霍分的母权论"和后来继起的麦克林南，都"认定母权血统制度是始初的制度"，而摩尔根的《古代社会》（1877年）"把原始母权制氏族作为文化人民父权制氏族前期阶段作用的一个新发现，对于原始历史的意义，是跟达尔文进化论对于生物学和马克思剩余价值学说对于政治经济学一样重大的……这给原始历史的研究开辟了一个新纪元。"恩格斯在书中阐述"（1）史前文化阶段"时分为蒙昧期、野蛮期；在"（2）家庭"中指出，最早的婚姻形式是群婚；尔后是血缘家庭、"普那路亚"家庭（排除父母与子女、姐妹与兄弟的性关系）；此后，母权制氏族出现，其发展便是对偶家庭，父权家长制取代母权制；再往后便是一夫一妻制的家庭，它往往与社会阶级地位与经济利益相联系。恩格斯总结说："群婚跟蒙昧期相适应，对偶婚跟野蛮期相适应，以破坏夫妇贞操和卖淫为补充的一夫一妻制跟文明期相适应。"恩格斯澄清了共产主义要"公妻"的谰言，指出在未来公有制社会，"一夫一妻制不仅不会终止其存在，而且会最后对于男性也成为现实"，并且婚姻要以"互爱"为前提，"只有根据爱情结成的婚姻才是合乎道德的"。恩格斯考察了从氏族到部落和部落联盟到民族，再到国家的出现、国家公共权力的建立，提出男女平等和妇女解放的主张。这部著作，周恩来称之为"马克思主义的第一部民族学著作"（杨堃《民族与民族学》引），因为它讲清了民族的产生与发展，用摩尔根等人的人类学成果，开创出唯物史观下的民族观。《共产党宣言》说："人对人的剥削一消灭，民族对民族的剥削就会随之消灭，民族内部的阶级对立一消灭，民族之间的敌对关系就会随之消失"，而"压迫其他民族的民族是不能获得解放的"（《马克思恩格斯全集》，第18卷，第577页）。马克思、恩格斯还强调了族群事实上的平等："平等应当不仅是表面的，不仅在国家的领域中实行，它还应当是实际的，还应当在社会的、经济的领域中实行。"（《马克思恩格斯全集》第3卷，第448页）。列宁指出："谁不承认和坚持民族平等和语言平等，不同各种民族压迫或不平等做斗争，谁就不是马克思主义者。"（《列宁全集》第2卷，第11页）

在马克思主义影响下，苏联出现了民族学的苏维埃学派，一是提出"经济文化类型"，认为民族依照生产方式的不同可以分为渔猎采集型、锄耕农牧型、犁耕农业型；学者勃罗姆列伊提出民族的定义："民族是历史上形成的、具有共同的相对稳定的文化（其中包括语言）特点和心理特点，并意识到自己的统一和与其他这类构成体的区别的人们的总体。"（以上见黄淑娉、龚佩华：《文化人类学理论方法研究》，第408页、第418页）在中国民族学发展中，学者们用唯物史观考察中华民族的历史发展，强调民族平等和团结，重视文化在民族意识中的地位和作用。费孝通在20世纪50年代民族识别工作中，反复强调尊重各民族的主体权利，克服大汉族主义。对于斯大林关于民族定义的四要素（共同语言、共同地域、共同经济生活以及表现于共同文化上的共同心理素质的稳定的共同体），费孝通认为最重要的是共同心理素质这一要素，这就是民族认同意识；而共同语言、共同地域、共同经济生活，只有相对性，尤其在中国各民族交错居住，以汉语为通行语，其复杂性超出以上三要素，因此费孝通说："这个定义中提出的四个要素特征在我们的民族识别工作中只能起参考作用，而不应当生套硬搬。"（《中华民族多元一体格局》代序）

马克思主义的宗教观是唯物史观的组成部分，核心观点是用社会生活解释宗教现象，指出宗教的根源在于人受到自然与社会异己力量的压迫而不能支配自己的命运，于是便把这种力量升华为神而加以崇拜。马克思在《〈黑格尔法哲学批判〉导言》中指出："国家、社会产生了宗教即颠倒了的世界观，因为它本身就是颠倒了的世界"，"宗教把人的本质变成了幻想的现实性，因为人的本质没有真实的现实性"，"宗教里的苦难既是现实的苦难的表现，又是对这种现实的苦难的抗议"。马克思不仅深刻揭示了宗教信仰的现实根源，而且对于宗教的社会作用有以往无神论者达不到的新的评价，即它本身就是现实苦难的一种表现和对苦难的抗议，因此马克思主义者对宗教信仰者应有同情的理解，把批判的矛头指向不合理的社会，而不是指向宗教本身，更不应简单斥责信教者"落后无知"，因为宗教的存在有其必然性。恩格斯在《家庭、私有制和国家的起源》中谈到原始宗教："全盛时期的氏族制度，如我们在美洲所见的，其前提是生产极不发达，因而广大地区内人口极度稀少；因此，人类差不多完全受着陌生的、对立的、不可理解的外部大自然的支配，这也就反映在幼稚的宗教观念中。"他揭示了宗教发生的自然根源。他在《反杜林论》中指出："在目前的资产阶级社会中，人们就像受某种异己力量的支配一样，受自己所创造的经济关系、受自己所生产的生产资料的支配。因此，宗教的反映过程的事实基础就继续存在，而且宗教反映本身也同它一起继续存在。"这就揭示了宗教存在的社会根源。恩格斯在同一书中，以经典的语言表述了宗教的本质："一切宗教都不过是支配着人们日常生活的外部力量在人们头脑中的幻想的反映，在这种反映中，人间的力量采取了超人间的力量的形式。"既然宗教的真正本质在于信仰背后的支配着人们的人间力量，那么要消除人们的宗教幻想，就不能在宗教上做文章，而要致力于解放生产力，消除种种社会的不合理问题，解除人们的苦难。"于是对天国的批判就变成对尘世的批判，对宗教的批判就变成对法的批判，对神学的批判就变成对政治的批判"（《〈黑格尔法哲学批判〉导言》）。

列宁和苏联马克思主义者在宗教理论与政策上对马克思主义既有继承也有偏离。列宁在《社会主义与宗教》中说："被压迫阶级为创立人间的天堂而进行的这种真正革命斗争的一致，要比无产者关于天堂的意见的一致更为重要"；在《给农村贫民》中强调每个人都有信教和改信的自由，一切宗教，一切教会，在法律面前应该一律平等。但列宁又有许多违背马克思主义的地方。他在《论工人政党对宗教的态度》中把"宗教是麻醉人民的鸦片"作为"马克思主义在宗教问题上的全部世界观的基石"，在这里，真正的基石宗教根源论不见了。又说："我们应当同宗教作斗争。这是整个唯物主义的起码原则，因而也是马克思主义的起码原则"，"马克思主义者应当是唯物主义者，是宗教的敌人"。如此一来马克思主义退回到一般唯物主义反宗教的立场上了。《俄共（布）党纲草案》提出："无产阶级专政应当坚持不懈地使劳动群众从宗教偏见中解放出来"，把宗教与社会主义对立起来，于是尊重宗教信仰就成为一句空话。苏联后来反宗教几十年，实践证明，上述用行政手段打压宗教的"左"的政策行不通，最后失败了。

中国共产党人把马克思主义与中国实际相结合，路越走越宽。20世纪50年代初和平解放西藏、新疆时，中央和地方就高度重视民族宗教政策的实行，提出"慎重稳进"的方针，再三强调实行保护宗教信仰自由的政策，提出宗教五性论（长期性、群众性、复杂性、民族性、国际性），把宗教问题作为人民内部问题看待，视宗教界人士为统一战线中的朋友。在经历了"文化大革命"后，党的宗教理论政策重新回到马克思主义轨道上。1982年出台了《中共中央关于我国社会主义时期宗教问题的基本观点和基本政策》，超越了苏联模式，发展了马克思主义宗教观。一是，第一次指出宗教在社会主义社会存在的自然和社会根源将长期存在，因而宗教也将长期存在，"那种认为随着社会主义制度的建立和经济文化的一定程度的发展，宗教就会很快消亡的想法，是不现实的。那种认为依靠行政命令或其他强制手段，可以一举消灭宗教的想法和做法，更是背离马克思主义关于宗教问题的基本观点的，是完全错误和非常有害的。"二是，依据唯物史观明确宗教工作宗旨："使全体信教和不信教的群众联合起来，把他们的意志和力量集中到建设现代化的社会主义强国这个共同的目标上来，这是我们贯彻执行宗教信仰自由政策，处理一切宗教问题的根本出发点和落脚点。"三是，讲明少数民族党员干部对宗教的态度，不得信仰宗教，同时"生活在基层的共产党员，既要在思想上同宗教信仰划清界限，又要在生活中适当尊重和随顺民族的风俗习惯"，"在宗教同民族的关系问题上，各民族和各宗教有不同的情况。有些少数民族基本上全民信仰某一种宗教，如伊斯兰教和藏传佛教，那里的宗教问题和民族问题往往交织在一起"。在这里，文件的精神就与费孝通关于少数民族宗教的论述相通了。

20世纪90年代，党的宗教工作基本方针正式提出：尊重和保护宗教信仰自由，依法管理宗教事务，坚持独立自主自办的原则，积极引导宗教与社会主义社会相适应。它在马克思主义宗教观发展史上第一次正式提出宗教适应论，通过引导，宗教能够与社会主义社会相协调，成为社会大系统中的一个子系统，这是中国社会主义者的伟大创造。执政党与宗教界的关系是"政治上团结合作，信仰上互相尊重"，强调"民族宗教无小事"。与此同时，中国宗教学兴起，在宗教理论、宗教历史、宗教文化、少数民族宗教等方面都有大量成果面世。

在2014年中央民族工作会议、2015年中央统战工作会议和2016年全国宗教会议上，习近平总书记代表党中央发表重要讲话，进一步阐发了中国特色社会主义民族观和宗教观。在民族问题上，他指出，在历史演进中，我国各民族在分布上交错杂居、文化上兼收并蓄、经济上相互依存、情感上相互亲近，形成了你中有我、我中有你、谁也离不开谁的多元一体格局。他强调：必须坚持在中国共产党领导下，坚持中国特色社会主义道路，坚持维护祖国统一，坚持各民族一律平等，坚持和完善民族区域自治制度，坚持各民族共同团结奋斗、共同繁荣发展，坚持打牢中华民族共同体的思想基础，坚持依法治国，加强各民族交往交流交融，促进各民族和睦相处、和衷共济、和谐发展，巩固和发展平等团结互助和谐的社会主义民族关系，共同实现中华民族伟大复兴。在宗教问题上，他强调，民族工作和宗教工作都是全局性工作，宗教工作本质上是群众工作，做好宗教工作，必须坚持党的宗教工作基本方针，必须辩证地看待宗教的社会作用，必须重视发挥宗教界人士的作用，引导宗教为促进经济发展、社会和谐、文化繁荣、民族团结、祖国统一服务。把党的宗教工作基本方针坚持好，关键是要在"导"上想得深、看得透、把得准，做到"导"之有方、"导"之有力、"导"之有效，积极引导宗教与社会主义社会相适应，一个重要的任务就是支持我国宗教坚持中国化方向，要支持宗教界搞好人才队伍建设，要坚决抵御境外利用宗教进行渗透，防范宗教极端思想进行侵害。由上可见，中国特色社会主义民族与宗教理论达到了新的高度，其中吸收了费孝通关于中华民族多元一体格局的理念。

（二）中国古代的民族观和宗教观

中国古代没有今日"民族""宗教"的概念话语，但有"族""族类""神道"的词语。春秋时期有华夷与族类之说。其时，鲁人晋人自认为华夏族，而视楚人为南蛮异族，故《左传》鲁季文子引晋史佚曰："非我族类，其心必异。楚虽大，非我族也。"（成公四年），后来经过融合，楚人进入华夏族，并成为重要成员。孔子、孟子都讲夏夷之辨，但两者之别不在于血统，而在于文化。孔子是殷人之后，血统上不属于周人，但倾心周礼，认为它是最先进的文化，故说："周监于二代，郁郁乎文哉！吾从周。"（《论语·八佾》）。孟子继承了孔子的文化民族观，说："吾闻用夏变夷者，未闻变于夷者也。"（《孟子·滕文公上》）他推崇创建礼乐文化的圣贤，大舜和文王皆出身于夷狄："舜生于诸冯，迁于负夏，卒于鸣条，东夷之人也；文王生于岐周，卒于毕郢，西夷之人也。"（《离娄下》）费孝通说："以儒家为代表的民族观，既具有民族优越感，有贱视夷蛮戎狄的一面，又具有兼容并包，促进民族接近与亲善的一面，而以文化放在区分华夷的首位，促进了民族间的认同。"（《中华民族多元一体格局》）儒家的文化民族主义，从积极方面说，使各民族都重视向先进文化看齐，在历史上就是向礼乐文化看齐，使得整个中华民族成为礼义之邦，由于重文化、轻血统，种族歧视便不易发生；儒家讲和而不同、天下一家、四海之内皆兄弟，能包容不同民族不同地区的奇风异俗且互相学习，国家采取各教并奖、因俗而治、怀柔恩抚的文化政策，民族迁徙与交融以向内汇聚为主流；对外政策上讲"协和万邦""讲信修睦""修文德，来远人"，反对杀伐征讨，实行和平外交，故有玄奘取经，丘祖西行、一言止杀，郑和七下西洋，鉴真和平东渡日本。从消极方面说，文化的民族主义使一些人沉湎于礼义之邦的昔日辉煌，不思进取，遂造成近代中国的落后；而一旦发现西方文化真有比中国文化先进之处，便否定和尽弃传统文化，主张"全盘西化"，使渐进的文化改革不能正常进行。

儒学不是宗教，但有宗教性，它不热心于宗教（即神道），但其宗教观具有早熟的理性的包容的特点。第一，"敬鬼神而远之"（《雍也》），它与神道保持距离，但采取尊重的态度。当儒学成为汉至清历代国家意识形态之后，这种敬鬼神的温和人本主义使得中国既没有神权政治，又能对各种宗教采取并存的政策，使之合法化。第二，"神道设教"（《周易·观卦象辞》），把神道纳入社会道德教化体系，使之发挥移风易俗的积极作用，故孔子"畏天命"、重祭祖，"慎终追远，民德归厚矣"（《学而》），《礼记》把祭祀视为"教本"，此后敬天法祖便成为中国人的基础性信仰，同时并不排斥信仰其他宗教。荀子是无鬼神论者，但他视宗教为文化，可以使人报本反始，不忘天祖恩德，利于稳定社会秩序,《礼论》说:"礼有三本:天地者,生之本也;先祖者,类之本也;君师者,治之本也","上事天,下事地,尊先祖而隆君师,是礼之三本也",对于神道,"君子以为文,而小人以为神","圣人明知之,士君子安行之,官人以为守,百姓以成俗"。第三,儒学讲"和而不同"(《子路》),"道并行而不相悖(《中庸》)","天下一致而百虑,同归而殊途"(《易传》),因此有海纳百川的胸怀,不仅包纳各民族的各色信仰,而且以开放的态度接引外来宗教,先是佛教,尔后是伊斯兰教和基督教,并使其变得更加温和,彼此成为好邻居。当然,外来宗教中国化的程度不同,但总的趋势是渐行渐近。由此,除了近代帝国主义利用宗教实行文化侵略外,各种宗教之间,人文实体与宗教团体之间,没有发生如欧洲中世纪那样的宗教战争,没有出现宗教裁判所,也有过摩擦和强力干教事件,但未形成传统。

(三)西方民族学与宗教学的重要成果

1. 文化进化论学派。(1)缪勒于1970年发表《宗教学导论》,开创了近代宗教学。他强调比较研究,认为:"只懂得一种宗教的人,其实什么宗教也不懂。"两种偏激态度要避免:"对有些人来说,宗教这个题目似乎太神圣了,不能以科学的态度来对待;对另一些人来说,宗教与中世纪的炼金术和占星术一样,只不过是谬误和幻想构成的东西,不配受到科学界的注意。"前者是信仰主义的态度,后者是反宗教的态度,都违背了宗教学应遵循的"信仰要尊重、研究要理性"的原则。(2)泰勒被认为是"人类学和宗教人类学之父",在《原始文化》中,他提出关于文化的经典式定义："文化就其广泛的民族学意义来说，是作为社会成员的人所习得的包括知识、信仰、艺术、道德、法律、习俗以及任何其他能力和习惯的复合体。"他认为由灵魂观念而导出的万物有灵论，乃是一切宗教的最初形态。（3）弗雷泽，代表作《金枝》，他首先使用"社会人类学"这一名称，提出人类智力文化演进三阶段：由巫术到宗教再到科学。其"三阶段论"有合理性，但被绝对化了，在科学发达的今天，宗教仍然对社会保持较大的影响力，说明宗教与科学可以并存。

2.文化传播学派与文化相对论。博厄斯。前文已述，从略。

3.文化社会学学派与功能主义学派。（1）杜尔凯姆。他是近现代社会学的奠基人之一，他提出"集体表象"的概念，用以表述社会成员共同的信仰和感情，也可以称之为"集体意识"。他认为图腾崇拜是宗教的原初形态，是氏族的旗帜，是被神化的氏族社会本身。他提出构成宗教本质属性的两大要素：信仰和仪式，宗教不仅仅是思想的，还必须有活动、行为，并给出宗教的定义："宗教是与神圣事物（即与世俗之物有别而被归入禁忌范围的东西）有关的信仰和实践的统一体系。"（《宗教生活的基本形式》）他突出强调宗教的社会性，认为宗教是社会整合和稳定的力量。杜尔凯姆指出了宗教的神圣性，而这正是吸引教徒的崇拜之所在。（2）麦克斯·韦伯。其宗教社会学的特点是重视宗教对社会经济的巨大作用。其著作《新教伦理与资本主义精神》分析了基督新教的伦理何以推动资本主义的发展，主要是上帝要求基督徒以自己的社会成就荣耀上帝，努力挣钱而又勤俭生活正符合基督新教宗旨，由此而发展出现代企业的理性精神和经营方式。他的观点产生了世界性影响，但他对东方文化特别是儒学有所偏见，认为不能成为经济现代化的动力。后来"亚洲四小龙"的崛起，证明儒家资本主义是可行的，打破了韦伯学说的局限。（3）马林诺夫斯基。他是人类学功能学派大师，认为文化是满足人类需要的手段，而文化本身是一种体系，文化要素中最重要的是社会制度，文化现象必须放到整个社会制度的文化布局中，以其如何发挥功能，来加以说明。他认为："宗教信仰可以使个人摆脱其精神的冲突，而使社会避免瓦解的状态"，"宗教的需要是出于人类文化的绵延，而这种文化绵延的含义是：人类努力及人类关系必须打破鬼门关而继续存在。在它的伦理方面，宗教使人类的生活和行为神圣化，于是变为最强有力的一种社会控制。在它的信条方面，宗教予人以强大的团结力，使人能支配命运，并克服人生的苦恼"，结论是："宗教最后却是深深地生根于人类的基本需要。"（以上引自费孝通译、马林诺夫斯基著《文化论》）我国人类学民族学大家吴文藻早年留学英国，师从马林诺夫斯基，把马氏功能学派人类学传到中国，费氏的学说深受其影响，主要体现在从社会结构和功能方面看民族、看文化。

4.人类学心理学派。代表人物弗洛伊德，著有《图腾与禁忌》，认为原始民族的乱伦、禁忌、万物有灵、巫术、图腾等行为与崇拜，是人类童年的精神病态，起源于人的性欲本能，作为宗教源头的图腾崇拜，是人类"俄狄浦斯情结"（弑父恋母）所致，宗教乃是由人类罪恶感加上懊悔心理所造成的。弗洛伊德开创了宗教心理学之先河，但他用"人类性本能"和"精神病态"来解释宗教的产生很难为一般人所认同，同时代的另一位心理学家荣格就不赞成此说。荣格提出"情结"概念，将人格分为"意识""个人无（潜）意识"和"集体无（潜）意识"三个层次，对宗教行为更有解释力。从心理学来看宗教信仰，由于现实生活的巨大压力和欠缺，软弱的人类要寻找增加信心的精神补偿，于是对自然力与社会力产生"敬畏感"和"依赖感"，产生对幸福的理想追求和希望摆脱对死亡的恐惧，这些都是宗教得以存在和发展的心理根源。

西方的民族学和宗教学成果，各派均有得有失，我们可以综合而借用之。它们的不足之处：一是忽略中国的丰富的有关资料；二是尚未将两者融为民族宗教学，这有待中国学者的努力探研。

（四）中国民族学与宗教学积累了丰硕的研究成果

有关论文是大量的，难以统计。就有影响的丛书与专著而言，以下民族学方面的作品应当提列：（1）五种丛书："中国少数民族""中国少数民族简史丛书""中国少数民族语言简志丛书""中国少数民族自治地方概况丛书""中国少数民族社会历史调查资料丛刊"；（2）陈永龄：《民族学辞典》；（3）黄淑娉、龚佩华：《文化人类学理论与方法研究》；（4）林耀华：《民族学通论》；（5）杨堃：《民族学概论》；（6）王锺翰主编：《中国民族史》；（7）庄孔韶：《人类学通论》；（8）宋蜀华、白振声主编：《民族学理论与方法》；（9）徐杰舜：《中国民族团结考察报告》；（10）陈连开主编：《中国民族史纲要》；（11）王建民：《中国民族史》上卷；

（12）王建民、张海洋、胡鸿保:《中国民族史》下卷;（13）荣仕星、徐杰舜主编:《人类学世纪真言》;（14）张海洋:《中国的多元文化与中国人的认同》;（15）马戎:《民族社会学导论》;（16）费孝通主编:《中华民族多元一体格局》等。其中，费孝通的民族学理论居于引导潮流的地位。

在宗教学方面，发生较大影响的作品也较多，简列以下几部:（1）吕大吉:《宗教学通论新编》《西方宗教学说史》;（2）罗竹风、陈泽民主编:《宗教学概论》;（3）卓新平:《宗教理解》;（4）张志刚主编:《宗教研究指要》;（5）罗竹风主编，阮仁泽、肖志恬副主编:《中国社会主义时期的宗教问题》;（6）叶小文:《宗教问题怎么看怎么办》;（7）王作安:《中国的宗教问题和宗教政策》;（8）牟钟鉴、张践:《中国宗教通史》;（9）方立天:《中国佛教哲学要义》;（10）卿希泰主编:《中国道教史》四卷本;（11）金宜久主编:《伊斯兰教史》;（12）李兴华、秦惠彬、冯今源、沙秋真合著:《中国伊斯兰教史》;（13）段琦:《奋进的历程 —— 中国基督史的本色化》;（14）马西沙、韩秉方:《中国民间宗教史》;（15）孙尚扬:《宗教社会学》;（16）金泽:《宗教人类学导论》;（17）张桥贵、陈麟书:《宗教人类学》;（18）张践:《中国历代民族宗教政策》《宗教·政治·民族》;（19）吕大吉、余敦康、牟钟鉴、张践合著:《中国宗教与中国文化》;（20）李养正:《中国道教义理综论》;（21）班班多杰:《藏传佛教思想史纲》;（22）刘成有主编:《宗教文明品析丛书》10种;等等。

二、民族宗教学构想

（一）民族宗教学的对象、主轴、宗旨、范围和方法

民族宗教学是民族学和宗教学的交叉学科，它研究民族与宗教的互动关系，重点是阐释宗教在民族形成、民族演变、民族国家、民族文化、民族关系中的地位和作用，凡与民族宗教相关的问题，都在它的研究范围和视野之内。民族宗教学追求的核心价值是：族教和谐，多元互补。在民族宗教关系上确立和而不同、平等对话、共生共荣的现代文明原则，建设和谐社会、和谐世界，这是民族宗教学的基本认知和宗旨所在。它从发生学的角度研究宗教在民族形成中的作用。它融摄历史学的视野，研究民族与宗教互动的历史；融摄社会学的视野，研究民族宗教与社会要素的互动关系；融摄文化学的视野，研究宗教在不同类型民族文化中的作用；融摄政治学的视野，研究民族宗教关系在当代国际政治中的地位和作用，揭示中华民族宗教的多元通和模式。

（二）民族与宗教的内涵与外延

1.民族

内涵：我们不采用"族群"这样宽泛的词语，我们是在严格意义上定义"民族"的。我们参考了费孝通、林耀华、黄淑娉等学者的观点，把"民族"的内涵概括为：民族是历史上人们在共同祖源认同（血缘关系）基础上形成的、以共同文化凝聚起来的社会实体，是在与他族交往比照中产生一体感、意识到具有共同命运的稳定的社会人群。换句话说，祖源认同、共同文化、民族

意识是民族的三要素。祖源认同（不一定是事实上的，但一定要被族人共同认定）是基础，共同文化是根本尺度，民族意识是条件。政治对民族有较大影响，例如，民族国家的建立是推动民族一体化的重要力量。有些民族是跨国界的，有许多国家是由多民族组成的，但政权更替、体制变革并不影响民族的认同与延续。历史证明，文化比政治更稳定、更长久，民族借助于深厚的文化传统可以穿越不同的社会形态。民族文化是什么呢？它是该民族特有的生存方式和精神创造。文化一般包括物质文化、制度文化、民俗文化、精神文化四个层面。作为民族尺度的文化，必须是特色鲜明、为该民族绝大多数成员所认同并且形成牢固传统的文化，因此，民俗文化和精神文化以及由此形成的特定的共同心理、共同情感，对于保持民族的稳定性和延续性具有决定性的意义，而物质文化与制度文化又往往具有可变性与跨族界性。在全球化、现代化的今天，各国各族在物质层面和制度层面的发展日趋接近，但其民族文化传统不易改变且都着力加以保护，民族文化传统即使因革变易，也是渐进地沿着自身特色前行，不应大开大合。而宗教为民族提供价值理想和精神支柱，往往处于民族文化的深层，在许多民族精神生活中处于核心位置，成为维系民族共同体的重要力量。

外延： 世界上有两千多个民族，如何分类，学界尚无统一的标准。地理学的分类是最简单的，但无关民族的性质。西方学界流行的分类有平面化和歧视性的局限，在历时性上简单化地分为"原始民族、古代民族、现代民族"，或"野蛮民族、文明民族"；

在共时性上把民族与国家绝对对应，讲一个民族一个国家，讲单元民族，不讲复合民族。其实民族的类别远比上述形式化简单化的分类要复杂。我们受费孝通关于中华民族有基层和高层的多层次论的启发，推而广之，依据民族发生发展和形态的不同，将民族分为五大类，其中各民族都是平等的，没有高低贵贱之分。第一类：原生型民族。这类民族由于历史和地理的特殊条件，从氏族发展为民族以后，一直保持着自身的相对统一性，在血缘与文化底色上没有与其他民族发生大的交融，也没有被其他民族所同化。如犹太民族、日本民族、朝鲜民族、印第安人、因纽特人等。中国许多少数民族如藏族、羌族、彝族、白族、傣族等，在历史上与其他民族交往，但基本上保持了传承主线，可以归为原生型民族。第二类：融合型民族。这类民族由许多民族融合而成，在血缘上大规模混杂，在文化上是多元结合，地域分布较为广阔，民族人口众多，它有基本的文化认同，而内部又保持很大的差异性和多样性。如中国的汉族、南亚的印度斯坦族、跨欧亚的俄罗斯族。其中汉族是最典型的融合型民族，它的前身是华夏族，由许多早期民族在中原地区融合而成，后来又不断融入周边少数民族，形成世界上人口最多的民族，而以汉字和传统礼俗为共同的标志，内部在地域的民俗上保持着较大的差异。毛泽东在《论十大关系》中说："汉族人口众多，也是长时间内许多民族混血形成的。"既有民族体质的混血，也有民族文化的"混血"。第三类：衍生型民族。它们的历史并不久远，可称为晚生民族，是在原有民族交往和分化中衍生出来的。如中国的回族，其主体是

13世纪成吉思汗西征后，随军东来的中亚、波斯及阿拉伯的工匠、军士、商人、学者、官吏、掌教等，与中国的汉族和其他民族通婚繁衍而成的，在明代发展成为成熟的民族共同体，其文化具有阿拉伯伊斯兰教文化与中国传统文化相结合的特点，信仰很大程度上中国化了的伊斯兰教。再如印度和巴基斯坦，分立前同属于一个民族集团，英国殖民主义者实行分而治之的政策，加以内部接受"一个宗教，一个民族，一个国家"的观点，导致20世纪中叶形成两个独立的民族国家。在印度，人民党倡导"印度教民族"；在巴基斯坦，历届政府坚持"穆斯林民族论"。宗教信仰的分化，导致民族集团的分化，宗教文化成为民族的主要标志。又如南斯拉夫地区有一个信仰伊斯兰教的民族，原属于塞尔维亚和克罗地亚族（信仰东正教），由于宗教信仰不同而分化出来，成为一个独立的民族。第四类：复合型民族。其理念直接来源于费孝通的"中华民族多元一体格局"论，认为56个民族是基层，中华民族是高层，"高层次的民族可以说实质上是个既一体又多元的复合体"，它有共同的文化、共同的命运，我们这里用复合型民族加以表述。换句话说，56个民族是单元民族，中华民族是复合型民族，大的民族共同体中包含着56个民族。56个民族各有自己的民族认同，同时它们交织合成的中华民族又有高一层的民族认同。在民族学历史上，这是一个中国人创造的新概念，它有助于我们认识民族存在形态的复杂结构，认识民族间的交错重叠关系，增加了对现实中民族多样性的解释力。世界上，还有没有别的复合型民族了呢？美利坚可不可以说既是一个国家又是一个复合型民族？它由于移民形成多民族，但有所谓"美国价值"，即以《独立宣言》和基督新教教义为民族精神支柱，认同自由、民主、法治、人权。这是一个有待研究的问题。阿拉伯民族应当是复合型民族，它有共同的祖源、共同的伊斯兰教信仰、共同的阿拉伯语言文字、共同的文化习俗，在历史上曾建立过统一的阿拉伯帝国。帝国瓦解后，阿拉伯地区陆续成为西方列强的殖民地。"二战"之后，阿拉伯人纷纷独立，建立了一系列民族国家，如埃及、沙特、伊拉克、叙利亚、约旦、也门、科威特、突尼斯等，它们各具特色，既是国家，又是单元民族，而阿拉伯整体的民族认同仍然保持下来，故阿拉伯复兴运动出现。不过复合型民族之间又有差别：中华民族多元一体是五千年文明铸成的，内部的和谐是主导，一直延续到今天而不离散。美利坚是移民造成的，内部种族冲突是痼疾，难以消除。阿拉伯民族内部各单元民族国家之间冲突不断，不能团结，难成一体，其发展趋势尚有待观察。第五类：集合型民族。严格地说，它只能算是正在过渡中的准复合型民族，内部差异甚大，由于地域、文化的接近，以及政治、经济联合的需要而结成相对稳定的联盟。最典型的集合型民族是欧盟。它的地域连成一片，历史上曾是基督教共同体，后来分裂成十几个国家，在全球化过程中属于发达国家群，在国际政治中有共同利益需要维护和统一发声，故欧盟诞生，并不断吸收东欧成员国，成为当今世界与美国、中国、俄国并列的四大强势集团，它以基督教为底色，以欧洲历史文化为灵魂，是一个政治、经济、文化的综合体，成员国之间来往不需要签证。土耳其申请加入欧盟多年未果，重要原因之一是它信奉伊斯兰教，不合于欧盟的基督教底色。用集合型民族去观察欧盟，会比单纯政治学、经济学的视野更为周全。

2.宗教

内涵：关于宗教的定义，一向众说纷纭。相近点是以"神圣事物"（杜尔凯姆）为信仰对象。不同点是有的过于狭窄，如缪勒以"无限存在物"为信仰对象，那就是绝对唯一神，它具有无限的神力，但这只适用于三大一神教犹太教、基督教、伊斯兰教，而中国敬天法祖教的天神不具有无限性，它只是至上神，还有众多神灵；有的过于宽泛，如蒂利希以"终极关怀"为信仰对象，即追求人生的最高价值，但宗教以外也有终极关怀，如儒学以天下一家、天人一体为人生的终极意义，它却不是宗教。恩格斯在《反杜林论》中有一段话最接近宗教的定义："一切宗教都不过是支配着人们日常生活的外部力量在人们头脑中的幻想的反映，在这种反映中，人间的力量采取了超人间的力量的形式。"恩格斯在这里不仅揭示了宗教幻想的世俗基础，而且指明了宗教的特点是把世界二重化：一个是现实人间，一个是超人间的神灵世界，而后者支配着前者。换句话说，宗教必须崇拜鬼神，必须有彼岸（超人间世界）的追求，这是一切宗教的共性。我国宗教学家吕大吉在《宗教学通论新编》中指出，恩格斯论宗教抓住了宗教的核心信仰的本质特征，还不是关于宗教的完整的定义，而现实中的宗教还有由信仰外化的社会形态，因此他在恩格斯宗教论基础上提出了自己关于宗教的定义："宗教是关于超人间、超自然的一种社会意识，以及因此而对之表示信仰和崇拜的行为，是综合这种意识和行为并使之规范化、体制化的社会文化体系。"又说："本书宗教定义理论上的最大特点是把宗教当成四要素（宗教观念、宗教体验、宗教行为、宗教体制）的综合与统一。"这样，宗教的内在要素与外在要素都有机结合在一起了。与此同时，我提出了宗教四层次说，即：宗教信仰（宗教观念与体验的结合）、宗教理论（较系统的宗教经典、教义、戒律）、宗教实体（教团组织、制度、设施、财产及宗教活动）、宗教文化（在宗教信仰影响下形成的哲学、伦理、文学、语言、艺术、民俗等）。宗教信仰、宗教理论、宗教实体属于宗教界，而宗教文化与世俗文化互渗，属于整个社会。

外延：这涉及宗教的分类。吕大吉在《宗教学通论新编》中概括西方比较宗教学对宗教的分类，有地理学分类，有人种学、语言学分类，有进化论分类，有现象学分类等。其中进化论分类，泰勒提出从灵魂崇拜到祖先崇拜，到自然崇拜，再到多神教，最高是一神教；蒂勒提出从自然宗教到伦理宗教，再到普世宗教。金泽在《宗教人类学导论》中把宗教分为原生型宗教（如图腾崇拜、祖先崇拜等）和创生型宗教（主要是世界三大宗教：佛教、伊斯兰教、基督教）。还有学者将宗教分为制度化宗教和弥散性宗教，或传统宗教和新兴宗教，或主流宗教和民间宗教。吕大吉根据恩格斯的论述，依照历史的发展，把宗教阶段表述为从部落宗教到民族宗教，再到世界宗教。这里要说明的是：世界宗教并不等于具有了全人类的普及性，世界三大宗教可以跨越民族与地区传布，但仍是源于不同的大的民族集团的宗教，其中心区体现民族性（如佛教重心在东亚和东南亚地区，伊斯兰教重心在阿拉伯地区，基督教重心在欧美大陆），其传布过程也是不断民族化本土化的过程。在中国，人们把伊斯兰教、藏传佛教、南传佛教，都称为民族宗教，它们所涉及的问题称为民族宗教问题。汉族的宗教实际上也是民族宗教，其中道教与敬天法祖教影响面最大，而且也影响若干少数民族，其多神崇拜各地均有差异，宗教杂而多端，表现为民族问题不够明显，研究民族宗教问题时，往往被忽略。我们在研究民族问题与宗教问题相交织时，应该包括所有的民族与宗教。我们所构建的民族宗教学是广义的民族宗教学，不局限于少数民族宗教。

（三）民族宗教学的主要议题和简要论述

1.从发生学的角度研究宗教在民族形成中的作用。

基本思路：从氏族到民族，它与从氏族宗教到民族宗教是同步的。原始社会的氏族是规模较小的血缘集团，往往以图腾作为氏族的血统之源，因而成为氏族的徽号。民族是在若干邻近氏族和部落凝聚的基础上形成的文化共同体，而民族文化最早的形态是原始宗教。其一，将氏族图腾扩大为民族标志，或构建综合图腾代表民族。在中华民族上古史上，各氏族的图腾整合成为较大的综合性民族图腾是常见现象，如早期华夏族以龙（多种动物组合而成）凤（多种鸟类组合而成）为图腾，东夷族以神鸟为图腾。其二，从氏族血缘先祖崇拜发展为民族内各氏族共同的英雄祖先崇拜，形成强大的文化认同，如华夏族古邦国时期的五帝崇拜，将黄帝、颛顼、帝喾、唐尧、虞舜作为英雄祖先加以敬奉。其三，在自然崇拜和祖先崇拜基础上形成天神（至上神）崇拜，这大约在古邦国演进为民族国家时期，即夏代。夏代称为"天"，商代称为"上帝"，周代称为"皇天上帝"。这时的中华民族已经内含华夏族和许多其他基层民族，"天"或"帝"是代表整个中华民族的，它保护有德者，抛弃无德者，不论他是什么基层民族，即《尚书》所说的"皇天无亲，唯德是辅"。宗教是早期民族的主要文化符号和精神依托，这在世界各民族发展史上都是如此；宗教的功能是通过它的认同性和神圣性而成为民族的文化纽带，通过它的别异性而与其他民族相区分，在比较中形成各民族的多样性。

2.融摄历史学的视野，研究民族与宗教的互动关系。

（1）宗教限于民族。

在民族出现以后和世界性宗教出现以前的古代社会，宗教的形态主要是民族宗教，在有些地区也残留原始社会宗教。这一时期，民族是宗教的社会载体，宗教是民族的精神依托。神是民族守护者、主宰者和监督者。在古代社会，宗教是民族文化包罗万象的纲领。在中国古代，敬天法祖是华夏族的全民信仰，具有神圣性。在古犹太社会，犹太教是其民族的唯一信仰，耶和华是以色列人的保护神。在以色列内部，是"我神""吾民"；在以色列以外，有"他神"与"他民"（参看《民族宗教学导论》第二章"民族与宗教的互动关系：西方历史学的视野"，游斌撰）。中国道教是土生土长的宗教，开初在汉族和巴蜀一带多民族地区流行，后来流延到彝、瑶、壮等族，一直作为中华民族的民族性宗教发挥传播道文化的作用。晚近时期，道教随着华人的东南亚和东亚道文化圈的形成，道教也开始流布海外，但力量相对弱小，不被视为世界性宗教。在56个基层民族中，纳西族的东巴教、彝族的毕摩教、壮族的布洛陀信仰，也是民族性宗教。在世界上，日本的神道教、印度的印度教，至今仍是民族宗教，看不出跨民族发展的趋势。

（2）宗教超出民族。

佛教、基督教、伊斯兰教最初都是民族宗教。但三大教的教义内在地包含着超民族的普世成分，存在着发展成为世界宗教的可能性。如佛教讲众生平等、普度众生，众生指一切有生命情感者，佛陀是使人类解脱苦难的导师；基督教的上帝和伊斯兰教的真主都是超人间超世界的绝对唯一神，它不局限于拯救某民族，它要拯救全人类。以这种普世神灵观为内因，再加上外部世界性经济文化交流或世界性帝国的出现与拓展，三大宗教遂突破民族的界域，发展成为世界宗教。这个过程既是三教普世性的扩大，又是三教民族性的增加，即具有了多样民族文化形态。因此，世界三大宗教既是超出民族的，又是贯串民族的。

（3）民族超越宗教。

在世界范围内，由于近代民族主义运动兴起，欧洲打破基督教教权一统天下，宗教身份下降，民族身份突显，建立起十几个民族国家。阿拉伯世界的奥斯曼帝国瓦解，出现许多伊斯兰国家，把国家民族利益放在第一位，把伊斯兰教信仰作为国家的精神依托和伊斯兰国家间联系的桥梁，有时伊斯兰教教派的不同也会成为伊斯兰国家间冲突的要素。佛教没有建立世界帝国，而是和平传播，信仰它的民族国家不把佛教与政权紧密捆绑，彼此间极少发生宗教冲突，因此无须大力突破佛教，只是给佛教赋予其自身民族的文化特色。在中国境内，历史上佛教出现汉传佛教、藏传佛教、南传佛教三大支系，每一支系都是跨民族的。如：汉传佛教流传于汉、满、朝鲜、白、壮、布依等族，藏传佛教流传于藏、蒙古、门巴、珞巴、普米等族，南传佛教流传于傣、布朗、佤、阿昌、德昂等族。基督教在我国许多民族中流传，有汉、朝鲜、景颇、傈僳、布依、土家等族。伊斯兰教在我国历史上曾有十个少数民族基本全民信仰，它们是回族、维吾尔族、哈萨克族、柯尔克孜族、乌孜别克族、塔吉克族、塔塔尔族、东乡族、保安族、撒拉族。

（4）民族与宗教关系的错综复杂。

在近现代人类社会，民族与宗教的关系既是动态的，又是复杂的。可以列举几种常见的情况。第一种：一般情况下，民族身份是主要的，宗教身份是从属的。在世界上民族关系高于宗教关系，如阿拉伯各国，处理对外关系以民族国家利益为重，并使宗教关系有利于国家关系；美国把国家利益放在首位，而把基督新教的身份潜存于国家利益背后。在中国，进行民族识别工作中，综合性的民族文化的尺度是主要的，宗教文化只是诸多要素之一。第二种：在需要时强调宗教身份的最终目的还是要巩固民族的利益和地位。如伊拉克与伊朗发生的战争，前者强调逊尼派教义和教团，后者强调什叶派教义和教团。中东阿拉伯国家在与欧美霸权国家的斗争中，用"圣战"之名号召民众起来抗争，这种动员很有效，以精神的力量转化为强大的物质力量。而宗教极端主义进行暴力恐怖活动，杀害无辜平民，是为了达到民族独占或民族分裂的目的。第三种：宗教在民族社会生活中的地位和作用存在种种差异，对有些民族来说，宗教是该民族的精神支柱和旗帜，如阿拉伯国家各民族，伊斯兰教是国教，覆盖整个社会生活和文化；对有些民族来说，宗教是该民族的道德基础，但国家实行政教分离，世俗文化与宗教文化并盛，如美国和欧洲的民族；对有些民族来说，如中华民族，支撑社会道德的主要是儒家的"五常""八德"，历史上敬天法祖教曾是底色信仰，部分少数民族与宗教结合紧密，汉族民间信仰杂而多端。第四种：宗教在民族发展中的作用因时因地而异，在一些基本全民信仰一种宗教的民族里，宗教可以强化民族的凝聚力；但有些民族信仰不同的宗教或教派，宗教又可以被用来分裂民族，如印度与巴基斯坦的克什米尔之争，直接与该地印度教和伊斯兰教冲突连在一起，而伊拉克的逊尼派与什叶派的矛盾又不断引起内部的纷乱；有时比较开明的宗教可以推动民族的繁荣进步，如西方近代改革后的基督新教推动资本主义的发展，而"伊斯兰原教旨主义"则滞迟了许多伊斯兰民族的现代化进程。第五种：宗教在民族关系中的作用呈较大反差。在东方，"一带一路"既是各民族交往的商贸之旅，也是文化和宗教之旅，其中佛教经由"一带一路"从印度传至西域再传至中国，又经中国传到朝鲜、日本、越南，其过程是和平、友好的，不伴随战争与掠夺，伊斯兰教与基督教（初期）的传入也是和平的，宗教促进了沿线各民族间文明的交流和互鉴，增进了彼此的友谊；在西方，"十字军东征"中，死伤大量人口，其历史怨结至今留在许多人心中。而基督教与伊斯兰教的矛盾仍是当前中近东霸权主义与伊斯兰民族之间冲突的背后要素。

3.融摄社会学的视野，研究影响民族与宗教关系的要素。

影响民族与宗教关系的五大要素：民族、宗教、政治、经济、文化。

（1）民族。民族是历史文化发展中形成的稳定的社会共同体，在民族关系和谐时，它往往是隐形的存在，在民族关系紧张时，它就是显形的存在。民族性具有体质性、亲缘性、地域性、文化性，而以文化为内在的主要纽带。文化中包含着宗教文化，后者在民族精神生活中发挥作用，并辐射到社会方方面面。一个民族可以信一教，也可以信多教；在不同时期一个民族可以有不同的宗教信仰，可以有本土宗教，也可以有外来宗教。

（2）宗教。古代民族都有其特定的宗教作为该民族的精神依托。从共时性上说，宗教可分为多神教与一神教两大类；从历时性上说，宗教曾经都是民族性宗教，后来其中的佛教、基督教、伊斯兰教得到跨民族传布，成为世界三大宗教，不过在不同民族中仍保有其民族将色。宗教是一种精神力量，但在民族需要的时候，会转化为物质力量，掀起巨大的社会风暴；或在民族艰难延续中成为最有韧性的联系纽带，支撑着民族的生命。

（3）政治。早期民族国家建立，都以某种宗教作为政治意识形态。在中国，夏代、殷代是民族国家，都以敬天法祖教为国家宗教，强调君权天授，用以巩固贵族政权、稳定社会秩序、推行道德教化。但到了周代，周公把宗教的伦理功能提到空前高度，"皇天无亲，唯德是辅"（《尚书·周书·蔡仲之命》），统治者要敬德保民，此后，天神的权威下降，它要听从民意的呼唤，不能为所欲为。孔子儒学继承和发扬周礼的德化精神，提出"仁礼"之学、"和而不同"之道和"敬鬼神而远之""慎终追远，民德归厚"的人文性宗教观。汉以后历代王朝，皆以儒学为国家政治意识形态，同时容纳各种宗教，形成"政主教辅"的政教关系模式，在思想文化核心领域形成以人文儒学为主导、佛道二教为翼羽的三教合流的文化生态，同时接纳其他宗教。

在西方和阿拉伯世界，政教关系的变迁与中国进路不同。欧洲中世纪基督教一统天下，它不仅是国教，而且罗马教宗的教权高于各封建领主的政权。近代启蒙运动以来，特别是第一次民族主义运动以来，欧洲纷纷建立的民族国家，强调政权高于教权，不受教权支配，实行政权与教会的分离，即政教分离，通过制定宪法，在保障公民宗教信仰自由和教会合法运作的同时，规定教会不得干预立法、行政、司法和国民教育。美国政教分离较为明确，但基督教是美国的底色，教徒占总人口百分之七十以上，因此政教分离是相对的，在公民投票选举国家领导人和议员时，一定意义上是基督教信众在投票。而在英国、法国规定，学校中可以进行非教派的宗教教育。在阿拉伯世界，有两种政教关系模式：一种是政教合一型，如伊朗伊斯兰革命后，宗教领袖霍梅尼同时也是国家最高领导人，沙特的国王同时掌握最高宗教权力；另一种是国教型，如土耳其和巴基斯坦，政府是世俗政权，但伊斯兰教是官方宗教，是国家政治意识形态，进入国民教育之中。

（4）经济。从古代到现代，许多民族经历了渔猎经济、农牧经济、工商经济、全球化经济，有些民族较早进入海洋商贸经济和工业化商品经济，有些民族农业经济一向发达而工业化起步较迟，这些都对民族的发展和宗教的形态产生重要影响。在古代渔猎经济中的民族，必然崇拜山河湖海、动植百物之神。长期生活在农牧经济和家族社会中的民族如华夏族，则重视土地、五谷之神，祭祀社稷和日月星辰、风雨雷电，又特别重视敬天法祖，感恩上天与祖神。在很早就实现了工业化的西方发达国家，追逐利润的市场规则主导了社会行为，为了避免无序混乱局面，一是加强民主与法治，从外部制约人们的活动；二是保存和改革传统宗教（主要是基督教），使之在社会道德领域发挥作用，形成经济伦理，从内心引导人们遵守公共生活准则。现代化不是废弃宗教，而是改革它，使之适应资本主义发达社会。在经济全球化的时代，人类实际上已经成为命运共同体，相互依赖的程度远大于彼此的矛盾，以邻为壑的时代已经过去了，共生共荣则前途光明，互斗互损则共同毁灭。可是人们（特别是一些大国的政界人士）的意识远远落后于现实，还在迷信丛林规则，霸权主义横行，引起反弹，民族和宗教极端主义祸害平民，人类尚未有公认的普世伦理。在这种情况下，国际宗教界有识之士发出和平的呼声。1993年，《世界宗教议会走向全球伦理宣言》指出："每一个人、每一个种族，都应对其他的人、其他的种族和其他的宗教表现出尊重和宽容"，"我们决不能把自己混同于任性胡闹"。孔汉思说："没有各宗教间的和平，便没有各文明间的和平。"中国儒家的"和而不同"的智慧，造就了中国宗教文化的多元通和生态，费孝通加以创新性发展，提出文化自觉的十六字箴言："各美其美，美人之美，美美与共，天下大同"，为经济全球化时代多元文明之间从冲突走向和谐提出了普世性的规则，使爱好和平的人们增强了信心。

（5）文化。这里的文化是指与政治、经济并立的文化。政治处理集团间的利益关系，经济是人们的物质生产和交换，而文化特指人类的精神创造及其物化形态，它又分为精英文化和民俗文化。在网络发达的当代，精英文化具有先导性和国际视野，容易跨越民族和国家的界域而相互接近，其中有识之士更是关心普世价值和民族和平交往，因此容易克服民族与宗教的狭隘性，能够也应当为民族关系的当代和谐做出较大贡献。当然，也有少数陷于极化思维的知识分子，成为民族和宗教极端主义的骨干，由于其能量大，因而负面作用也大。民俗文化是指民间代代相续的已经成为习惯的生活样式和精神性活动，它的骨干人物与民众生活在一起，具有民族性、地区性、稳定性和渐变性，其中，宗教性民俗文化占很大的成分。民俗文化与精英文化既不断互动又相互保持距离，它也在移风易俗中渐进，但不像精英文化那样强调超越与突破，不追求学界那种理论上的共识，而重视传统的承接和民族性风俗的保存，以便于凝聚乡土亲族，调节民众的辛苦劳作，使民间生活丰富而快乐。就中国而言，民俗文化中首要的是按习俗祭祀天地君亲师，它是全体中国人基础性信仰，具有不可动摇的民族主体地位，任何外来宗教必须尊重它、认同它，但它又有包容性，中国人在敬天法祖的同时可以兼信其他宗教和外来宗教；民俗文化还有节日岁时的庆仪，如春节、清明节、端午节、乞巧节、中秋节、重阳节、腊八节；也有人生礼仪的庆仪，如诞生礼、成人礼、婚礼、生日礼和丧葬礼。以上民俗文化是中华民族独有的特色文化。世界各个民族都有自己独特的民俗文化，靠习惯的力量长期绵延不断，又能与时俱进，不断在量变中推陈出新，从而使这个世界的精神生活丰富多彩。只要没有政治力量的强行介入，各民族的民俗文化不会断裂，也不会彼此发生冲突。此外，由精英文化与民俗文化共创共荣的文学艺术，包括小说、诗歌、绘画、舞蹈、音乐、雕塑、戏曲等，都具有鲜明的民族性和宗教性，不仅能够流传于世，而且其中的精品总是成为其他民族学习、欣赏的对象，也是各民族文化交流互鉴的重要桥梁，其中蕴含的真、善、美的精神价值可以流芳百世。如贝多芬、莫扎特的古典音乐，法国雨果的《悲惨世界》，印度泰戈尔的诗作，俄国托尔斯泰的《战争与和平》，中国的唐诗、宋词、元曲、明清小说《红楼梦》，还有欧洲哥特式教堂建筑艺术，中国的敦煌、云冈、龙门三大石窟与北京故宫，都是世界性文化遗产，是人类共享的宝贵精神食粮。

4.融摄文化学的视野，研究不同类型民族文化中宗教的作用。

（1）基督教与欧美民族文化。

这里所说的欧美文化是指在"两希文化"即希伯来宗教文化和古希腊人本文化互动中发展起来的文化，它后来又传播到美国、加拿大和澳大利亚。犹太教是民族宗教，基督教突破单一民族，为欧美各民族提供超世的精神信仰、价值取向和道德原则。希腊哲学则提供了认识世界的智慧和科学理性。两希文化既对立又统一，推动着西方文化的发展。斐洛把犹太教和斯多葛哲学相结合，奥古斯丁通过新柏拉图主义把古希腊哲学与基督教综合为一体，奠定了西方文化的基础和底色。基督教的经典是《圣经》，基本教义是"上帝论""创世论""耶稣论""三位一体论""原罪论""救赎论"。欧洲中世纪上千年的历史中，基督教神学压倒希腊人文理性，实行文化专制主义，使欧洲的哲学、道德、科学、艺术成为神学的奴仆。中世纪基督教文化的垄断、专制和残暴，延缓了欧洲的发展，也扭曲了基督教，泯灭了爱的精神，使基督教变质，从博爱的宗教变成暴力的宗教。文艺复兴运动、宗教改革运动和近代启蒙运动，冲破基督教对欧洲社会全面的操控，发扬原有的人文理性传统，促进了科学技术的飞速进步和自由的哲学、文学、艺术的昌盛，也促使基督教自身在教义、体制上改革，增强了宽容精神，出现新教伦理，推动资本主义的发展，民族国家实行政权与教权相分离，教育与教会相分离，自然科学、人文科学与神学相分离，两希文化取得新的平衡。在现代欧美社会，世俗文化大行其道，基督教固守在精神道德领域。在西欧，进教堂的信众锐减，而公民宗教流行，即不参加宗教团体和活动，却认同基督教的基本人生理念和道德规范。在美国，世俗文化、时尚文化与基督新教一齐活跃昌盛，在国家实行政权与宗教分离的同时，基督新教仍然以隐形的方式影响着国内政治、民间习俗和外交方略，政界人物都有很深的基督教情结。

（2）伊斯兰教与阿拉伯民族文化。

阿拉伯国家民族的认同主要体现为对伊斯兰教的认同，民族文化与伊斯兰教文化是合一的。伊斯兰教的基本教义是"六信"：信真主、信使者、信天使、信经典、信后世、信前定；"五功"：礼、念、斋、课、朝。阿拉伯世界在近现代出现许多民族国家，有埃及、沙特、伊拉克、叙利亚、利比亚等。它们既是国家又是单元民族，各有自身的利益诉求，但作为民族身份都认同复合型阿拉伯民族和伊斯兰教。这些民族国家在治理方式上有差别，有的实行政教合一，有的实行国教制，但都把伊斯兰教作为国家主导性意识形态，以伊斯兰教法为依据建立法律体系。在日常生活中，伊斯兰教与民俗紧密结合，形成民众的生活方式。节日庆典、人生礼仪、人际礼仪，都具有伊斯兰教浓郁色彩。在精英文化层面上，它的哲学、法学、伦理学、文学、艺术等，都是由伊斯兰教文化浇灌出来的。可以说，伊斯兰教对阿拉伯民族的影响是全方位地贯彻上下内外的，直至今日没有重大变化。近现代阿拉伯复兴运动具有鲜明的伊斯兰教色彩。当然，由于世俗政权的存在和全球交流产生的影响，世俗文化有所发展，不过仍然处在边缘地带。

（3）印度教和印度民族文化。

印度教是迄今世界上最大的、历史最悠久的，有着教团组织的多神教的民族国家宗教，是印度的主体性信仰。印度教信仰三大主神：梵天、毗湿奴、湿婆，有三大纲领：吠陀天启、祭祀万能、婆罗门至上。它经历了古代吠陀教、婆罗门教、印度教三个历史阶段，至今保持着强盛的生命力，与印度人的民族性相结合，主导着大多数印度人的精神信仰，深刻影响着印度的政治、经济、哲学、道德、文艺、民俗。印度是政教分离的国家，其政治意识形态，交织着世俗化和宗教化两种倾向的斗争，不同政党对印度教的认同度有所不同。印度社会一直存在种姓制度，受到婆罗门教的支持：最高是婆罗门阶层，充当祭司，代表梵天，主持教权，号令人间；第二是刹帝利阶层，充当武士，管理国家；第三是吠舍阶层，即商人、农民等平民，是社会的多数；第四是首陀罗阶层，充当劳力奴仆，为贵族提供服务；最底层是不可接触者，世代不被当作人来看待。种姓之间不能通婚，不得来往，界限分明，人们要安于种姓现状，只祈求来生得福。这是世界上最为严厉的等级制度，至今仍有很大影响力。在公元前5世纪，释迦牟尼创佛教，它要打破种姓制度和民族的狭隘性，代表着平民阶层的愿望，其教义有"四谛""八正道""十二因缘""五蕴""三法印"，其中"三法印"：诸行无常、诸法无我、涅槃寂静，是核心教义。它可以归纳为：缘起、慈悲、平等、轮回、中道、解脱，而解脱要靠戒、定、慧三学。佛教的慈爱有情、普度众生，得到社会下层的支持，因而迅速兴起，一度十分昌盛。可是种姓制度根深蒂固，婆罗门教衰而复兴，称为新婆罗门教即印度教，把佛教逐渐排挤出印度，而大乘佛教东传中国内地，是谓汉传佛教，达于朝鲜、日本、越南，又有一支传到中国西藏，是谓藏传佛教，另一支传到中国云南和东南亚，是谓南传佛教。佛教以其普世性和中华文化对它的滋润，逐渐成为世界性宗教。

（4）多元宗教与中华民族。

中华民族自古就是多神崇拜，没有一神教传统，一神教是外来的；在诸多宗教中，也没有一教独大的传统。夏代以来崇拜的天神，是至上神，不是绝对唯一神，在其下有众神分列共管。祖先神中的远祖是系列神，如五帝神：黄帝、颛顼、帝喾、唐尧、虞舜，以及后来的五方帝神，皆是神灵群体。中华民族的尊天敬祖只为各民族提供基础性信仰，同时容纳各种内生的和外来的宗教，它使得民众在信仰上具有"混血"的特色。孔孟儒学是人文学说，又有和而不同的包容情怀，与各种宗教包括本土与外来宗教可以和谐共存，人文主义与神道宗教形成互补，于是在中华民族思想发展历程中，儒、道、佛三教中的思想文化又形成六家。儒家礼文化中有儒学（人文）与敬天法祖（宗教），道家道文化中有道学（人文）与道教（宗教），佛家禅文化中有佛学（人文）与佛教（宗教）。这样，在三家之间，人文儒学与道教、佛教并存互补，在三家各自内部，又有人文与宗教并存互补。在中国思想史上，人文与宗教的关系是不即不离的，未曾发生过欧洲的人文与宗教之间那样的激烈冲突和大起大落。儒家有和而不同、殊途同归的优良传统，认为不同事物之间是多元、平等、共存、互补的关系，而儒家在历朝又是主导国家意识形态和民间道德的思想文化，遂造成中华民族在精神层面的多元通和生态模式，在爱国守法、劝人为善的大方向下，各种宗教和学说都有合法存在的空间，彼此关系友善。虽然也发生过摩擦，有的执政者曾用强制手段打压某些宗教，但都未成为主流传统，未出现欧洲中世纪那样的宗教战争和异端裁判所，各民族的民俗文化，本土宗教与外来宗教，其主流关系是和谐的、互学的，并且渐行渐近。还有，儒家宗教观能以温和理性的态度尊重各种神灵崇拜（敬鬼神而远之），主张神道设教，即纳宗教进入社会道德教化体系。在这种宗教观指导下，中华文化的神道基于人道，人道包纳神道，也就是说，神道要有崇高的人道精神，为弘扬人道即关怀天下大众服务，不允许以神道的名义做危害任何人的生命的事情。由此之故，中国各种宗教都强调祀奉神灵的正确态度，除了祈祷和祭祀，最主要的事情是行善积德、利益大众。在儒家主导下，本土道教以老子"慈""俭""不敢为天下先"为三宝，提倡返璞归真，与儒家人文化恰相互补，又讲苦己利人、敬天爱民、积善成仙、三教一家；外来佛教吸纳儒家、道家思想，成功地实现了中国化，有"无缘大慈，同体大悲"的情怀，用"三世因果报应"之说劝善抑恶，在民间道德建设上发挥了重要作用。可以说在道德教化上，儒家提供了"五常""八德"的基本道德规范，道教、佛教用神道强化了儒家道德的功能。这样一来，以儒家为主导，以儒、道互补为基脉，以儒、道、佛三教为核心（儒为主，道、佛为辅翼），对外开放，形成中华民族"一、二、三、多"的、由内向外的文化框架的多元通和结构。

中华民族多元通和文化模式的秘密在哪里？它为什么和西方基督教所走的一家独大的道路明显不同？关键在于对真理的看法有大异。我们不妨读一下当代美国基督教开明派保罗·尼特的《全球责任与基督信仰》（王志成译，宗教文化出版社，2007年），再读中国经典《中庸》，做一对比，问题就清楚了。尼特在书前"致中国读者"中批评"原教旨主义"，说："基督教和所有其他宗教一道开始质疑它们拥有唯一的或者最后的或者优越于其他所有宗教的真理之宣称。自'9·11'以及之后的事件以来，世界已经证明了暴力多么容易以宗教的名义得到辩护和执行。不管一个人和邪恶的恐怖主义还是邪恶的帝国主义作战，不管是基督徒乔治·W.布什还是穆斯林奥斯马·本·拉登，人们都以上帝/真主的名字宣称与邪恶战斗 …… 政治暴力非常容易地成了宗教暴力 …… 学者们已经指出'绝对真理'多么容易成为'暴力真理'。"他在书中批评"原教旨主义者""把基督教视为光明而把其他宗教视为黑暗"，批评《新约》经文"除他（指耶稣）之外，别无拯救"。总之，这些人认为真理只有一个，即基督真理，它是唯一的、绝对的、光明的，别的宗教都是邪恶的、黑暗的，基督教有责任拯救全人类。于是它便难免陷于暴力宗教。尼特主张基督教要开放包容，尊重信仰的他者，在宗教对话中实现基督教博爱的理想。他在"致中国读者"里善意地提醒中国基督教徒："只有当中国基督徒自行修正并改革传统基督教认为只有基督徒才拥有唯一的或者支配性的宗教真理这一宣称之时，他们才能够这样做……他们才能够更好地促进宗教和平"，"在他们处于'少数派状态'时，在他们处于如此众多的其他存在已久的、崇高的传统中努力理解他们的宗教身份时，在他们试图成为他们佛教、道教、儒教朋友的'好邻居'时，中国基督徒和其他亚洲基督徒一道充分准备好改革并再次阐明基督徒如何可能在一个宗教多元的世界里谈论'基督的独特性'。亚洲基督徒知道他们必须，所以他们能够，在他们向其他宗教方式开放的同时委身于基督。"尼特对基督教的反省，是深刻的和一针见血的，基督教能否在世界范围内做其他宗教的好邻居，取决于放弃基督真理绝对性唯一性的成见而承认真理的相对性和多元性。对于西方如此困难的问题，却早已在中华经典中合理解决了，而经典的精神早已浃于人们骨髓，流淌在人们血液里，成为中华民族的文化基因。早在《国语·郑语》里，就提出"和实生物，同则不继"的和合思想，肯定事物多样性的互补，而单一元素无法实现生命的延续。《左传》记载昭公二十年晏婴与齐景公的对话，强调君臣之间要和合，不能搞一言堂，如同美味要多种佐料调配，君臣也要有不同意见的讨论以达到最佳的政令选择。孔子主张"尚中贵和"，讲"君子和而不同"，正式形成"贵和哲学"。《易传》说："天下同归而殊途，一致而百虑。"既肯定人类的共性和终极目标，又指出不同地区、不同民族各有自己的发展道路和思想文化，形成人类社会的多样性统一。《中庸》作为"四书"之一，一个重大的贡献就是不仅以鲜明的态度指出万物生长发育的多样性乃是自然界的正常状态，而且强调了真理的多元性和共生性，认为"万物并育而不相害，道并行而不相悖，小德川流，大德敦化，此天地之所以为大也"。在中国人心目中，"道"就是指今人说的"真理"，故各类有识之士，都要求道、学道、修道，进而弘道、行道。落实到信仰层面，不同的真理追求可以并存共行，互不妨碍，这才符合天地万物发育流行的真实风貌，体现关怀天下人类的博大胸襟。由此之故，在儒家成为主导性思想的历代王朝中，一方面在政治上实行大一统，强调政令律令的一致性和严肃性；另一方面在思想文化上实行多教并奖，允许各种人文学说和各种宗教在爱国守法、劝人为善前提下合法存在，彼此成为好邻居，共同推行道德教化，没有哪一家出来宣示它包揽了全部真理而其他各家只是谬误。这种和而不同、道并行而不相悖的伟大智慧，应当成为今日地球村的共识，各民族各宗教才能和平共处，彼此接近、亲善，一起为建设人类命运共同体而努力奋进。

5.融摄政治学的视野，研究民族 — 宗教关系在当代国际政治中的地位和作用。

（1）"冷战"结束以后，社会主义和资本主义的矛盾降为次要矛盾（但在中美关系中仍占重要地位），在世界多数地区，民族矛盾及其宗教意识形态上升为主要矛盾。以基督教为背景的西方民族价值观和以伊斯兰教为旗帜的阿拉伯民族文化，成为当今最有影响力的两大软实力，配合各自的硬实力，展开国际政治的大博弈，形成当今世界范围政治斗争的焦点。

（2）西方强势族群霸权主义发动侵略战争，而受到侵害的弱势族群的民族和宗教极端主义孽生暴力恐怖主义，互为因果，成为世界和平的最大威胁。以美国为首的西方发达国家有强大的政治、经济和军事实力，以"民主自由"的全球价值为旗帜，其基督教"原教旨主义"的扩张是隐形的，在暗中发挥作用。中东阿拉伯国家处于弱势，便以鲜明的民族主义和宗教信仰为旗帜，借以凝聚和动员民族力量，用软实力弥补其硬实力的不足。但在对抗中激生出伊斯兰极端主义，成为伊斯兰教的异化的力量，偏离了伊斯兰教的正信正行。

（3）地区性民族冲突中，宗教成为重要因素。中东、南亚、巴尔干等地区的相邻民族，由于政治、经济的矛盾加剧，历史的积怨未解而又添新仇，再加上霸权主义插手、宗教极端主义流行，往往造成流血冲突，使当地民族陷于苦难，人民生命财产遭到严重损害。叙利亚战事多年不断，难民流离失所。巴勒斯坦和以色列的民族冲突已达大半个世纪，伊斯兰教和犹太教是冲突的精神武器，"圣城"耶路撒冷的争夺日益加剧，至今看不到和解的前景。斯里兰卡的僧伽罗族群与泰米尔族群的冲突演变为内战，而前者的南传佛教信仰和后者的印度教信仰之间的差异被放大，也加剧了彼此的对立。曾经发生的阿富汗战争、两伊战争、伊拉克战争、利比亚战争，其外因是国际强势集团的插手和挑动，内因是民族宗教矛盾导致的国家内部四分五裂，无法形成团结力量。

（4）当代族教关系有四个类型：一是整体性族教关系，多数成员介入民族宗教矛盾，形成整体性的矛盾关系，如巴勒斯坦和以色列，这种类型的矛盾颇难化解；二是部分性族教关系，民族宗教矛盾只牵涉局部利益和部分人，如印度和巴基斯坦在克什米尔的冲突，这种类型的矛盾，在两国利益认同程度较高时，可以减弱或维持现状；三是移民性族教关系，如西方国家中的世居民族和后来移民的阿拉伯人及伊斯兰教之间的矛盾关系，往往牵动跨国民族的宗教情感。处理得当，可以达到一定和谐，处理不当，也可以造成隔膜和冲突。如若被极端主义利用，能够导致暴力恐怖事件，如美国"9·11"事件，外部是拉登的策划，内部是出生于美国的伊斯兰极端分子充当先锋，它具有跨国性质；四是文化传播性族教关系，其典型是印度佛教和平传入中国，又经由中国和平传至朝鲜和日本，没有政治强制背景和武力介入，宗教成为沟通民族关系的桥梁，就如赵朴初所说：佛教是中、日、韩的黄金纽带。

（5）世界是一个多民族、多宗教的世界，多样性民族宗教是长期存在的历史现象，是比国际政治经济态势更为稳定的领域。历史上，宗教曾经是民族的精神家园和情感依托，可以激发出巨大的能量。宗教如果走向极端，会成为民族对抗的助燃剂、催化剂，而宗教正信正行的爱心友善又能化解民族仇恨，促进民族合作。没有宗教之间的和平，就没有世界的和平。宗教有一定的引导和确定民族前行方向的精神作用，以博爱为共同宗旨的各种宗教，在提升民族理性和宗教理性的加速中，有可能率先联合起来，成为人类命运共同体的先导。

（6）民族、宗教与民族主义运动。

我们不赞成"国家和民族主义创造了民族"（霍布斯鲍姆：《民族与民族主义》），而认为民族主义的产生是民族发展到一定阶段的产物，是民族意识高涨的表现。我们也不赞成民族主义只是"资产阶级处理民族问题、民族关系的原则和政策"（《简明政治学辞典》，吉林人民出版社，1985年），而认为民族主义不限于资产阶级，它是民族意识的放大并成为一种社会潮流，近现代则形成族群的社会运动。民族主义大致可以分成六类：第一类是文化民族主义，认为先进民族不在血统、不在区域，而在有先进文化，中国儒家以当时礼乐文化为先进文化，而华夏族有之，夷狄族人士只要能够弘扬礼乐文化，便是华夏的圣贤。第二类是政治民族主义，西方学者盖尔纳提出"民族主义主要是一种政治原则，它坚持政治与民族的单位必须一致（《民族与民族主义》）"，于是便主张"一个民族一个国家"，事实上除极少数外，大多数国家包括欧美各国，都不是由单一民族组成，而是多民族的，只强调其主体民族是民族，而其他民族是族群，并且应当同化在主体民族之中，于是造成事实上的民族不平等。第三类是宗教民族主义，以宗教为民族主义运动的旗帜和动力，其典型是当代阿拉伯世界的"泛伊斯兰主义运动"。由于其中各单元民族之间的关系纠结于利益权衡，无法有效联合，泛伊斯兰主义运动无法有效推动，只在对抗西方霸权主义时才起到一定作用。第四类是强权民族主义，即大民族主义，或称民族沙文主义，认为本民族优越，应当欺凌别的民族，其他民族低劣，无须平等对待，发展到极端便是法西斯主义，不仅以霸道耀武扬威，而且实行种族屠杀和灭绝。当代单边主义是大民族主义的新形态，用政治、经济实力压迫其他民族，也不断使用武力或以武力相威胁，给许多民族带来战祸，造成大量难民。第五类是"泛民族主义"，目标是把昔日曾是民族集合体或大帝国而如今分化为许多民族的国家重新联合起来，形成大的统一民族国家，"泛阿拉伯主义""泛突厥主义"是其代表。第六类是民族分离主义，在已经成为统一民族国家中的某些民族团体，要求该单元民族从统一国家中分离出来，建立自己独立的民族国家，如土耳其的库尔德人，对于统一国家具有破坏力。它往往与宗教极端主义、暴力恐怖主义相结合，成为人类的一种公害。

（7）民族主义的历史作用和民族宗教的文明转型。

从价值论的角度评论，民族主义有两种：理性的正义的民族主义和偏激的自私的民族主义。孙中山提出三民主义：民族主义、民权主义、民生主义，目的是推翻过时的帝制，摆脱西方列强的欺压，建立民主共和国，实现民众共同富裕。他倡导"天下为公"的大同思想，希望中国能为全人类的文明发展贡献力量。这是理性的正义的民族主义，实现了中华民族在近代的一次伟大飞跃。而当代崇拜社会达尔文主义弱肉强食的大国沙文主义和民族极端主义，则是偏激的自私的民族主义，给人类带来的只能是灾祸。

世界性的民族宗教矛盾要实现真正的缓解，关键在于影响最广大人口的基督教族群与伊斯兰教族群的主流集团能否深刻反省，实现教义上的文明转型，以适应全球化时代。基督教要摆脱

"基督以外无拯救"的教条，放弃"把世界纳入基督教"的文化霸权主义，放弃以救世主使者的身份、以扩大地盘为目标的扩张性传教计划与活动，在信仰里容纳"宗教的他者"。伊斯兰教要克服"原教旨主义"把"圣战"作为与其他民族宗教对抗的精神武器，发扬慈爱、和平、理性精神，旗帜鲜明地反对宗教极端主义和暴力恐怖主义，同时以开放的心态，实行必要的教义教制改革，接纳当代文明成果，成为世界和平与发展的重要力量，两大宗教主动开展对话，通过多种途径进行交流，使彼此渐行渐近。

6.融摄管理学的视野，研究国家依法管理宗教事务和积极引导宗教适应当代社会的中国经验和智慧。

中国是一个统一的多民族国家，有单元民族五十六个，共同组成复合型中华民族；也是一个多宗教的国家，有世界三大宗教及其主要教派，有民族宗教，也有各种民间宗教及信仰。各民族间在历史上曾有不平等和冲突，但主要趋势是接近、融合。各宗教间在历史上曾有摩擦和排斥，但总的态势是多元通和。当今中国政府实行改革开放，对外力倡平等对话、合作共赢，鼓励中国宗教参与世界和平事业；对内实行宗教信仰自由、依法管理宗教事务（涉俗事务），坚持独立自主自办教会，并积极引导宗教与社会主义社会相适应，已经取得了伟大的成果。由于法规、政策正确，管理得当，实现了民族团结、宗教和睦，中国成为当今世界上民族宗教关系最为稳定、和谐的大国，保证了现代化事业的顺利进行。中国处理宗教问题的方略和政策是多种文化与马克思主义理论会通的结果，即继承和发扬中华文化多元通和的优良传统，吸收西方现代文明的成果，运用中国化的马克思主义宗教观，并与中国国情相结合，从而使社会管理在宗教领域达到良性效果。现分别就宗教管理学的四点精要予以说明。第一点，保护宗教信仰自由，这是吸收现代文明普遍规则而来的，它把信仰自由作为基本人权，体现人的尊严。第二点，依法管理宗教事务，这既体现政教分离的原则，又传承了中国历史上中央政权把宗教纳入社会系统而不是政府系统的经验。规定三条基本要求：一是宗教要爱国守法和劝人为善；二是政府只管宗教中涉及公共利益和国家利益的事务即涉俗事务，而宗教内部事务由教会自行管理；三是依照宪法和全国性宗教行政法规《宗教事务条例》（2004年11月颁布，2017年条例修订版颁布）来管理。因此，宗教界违法行为不能允许，反人类的邪教必须依法惩治，在法律面前人人平等；政府不干预纯宗教事务，宗教团体也不能干预立法、司法、行政和国民教育；宗教信众是教徒，同时也是公民，宗教团体同时也属于社会团体，宗教界人士和信众在社会生活中必须遵守公共生活规则，这样才能使社会有序运行，才能使宗教系统成为整个社会母系统中一个正常的子系统。第三点，坚持独立自主自办的原则，同时在平等友好的基础上与国外基督教界及其他宗教来往。这一原则在各独立国家都得到公认，也得到世界基督教界开明人士的认可。第四点，积极引导宗教与社会主义社会相适应，是中国社会主义者运用马克思主义宗教观，正确解决宗教与社会主义社会之间关系的伟大创造。宗教有群众性、长期性、复杂性、民族性、国际性；宗教在社会主义社会仍然有四大根源：

自然根源、社会根源、认识根源、心理根源，因此将长期存在；宗教在社会主义制度下，可以最大限度发挥正功能，最大限度减少负功能，只要引导得法，它可以与社会主义社会相适应。引导论和适应论超越了苏联反宗教的模式，是中国特色社会主义理论的组成部分，经过实践证明它能促进民族之间的关系、宗教之间的关系、宗教与政治的关系、宗教与社会的关系。在2016年4月全国宗教工作会议上，习近平主席指出：宗教问题始终是我们党治国理政必须处理好的重大问题，要实现宗教与社会主义社会相适应，关键是引导，要导之有方、导之有力、导之有效，一个重要的任务是支持我国宗教坚持中国化方向，提高宗教工作法治化水平，用法律规范政府管理宗教事务的行为，用法律调节涉及宗教的各种关系，宗教团体是党和政府团结、联系宗教界人士和广大信教群众的桥梁和纽带，要为他们开展工作提供必要的支持和帮助，尊重和发挥他们在宗教内部事务中的作用，要支持宗教界搞好人才队伍建设，要坚决抵御境外利用宗教进行渗透，防范宗教极端思想侵害。其丰富和发展了积极引导宗教与社会主义社会相适应的理论，其中特别指出支持我国宗教坚持中国化方向，这抓住了要害，即宗教中国化问题解决好了，与社会主义社会相适应的问题就能顺利实现。

下面附上本人两篇文章和杨学林《宗教文化生态中的政府责任》（节录）简述，用中国边疆和民族地区的典型经验与个人的思考来充实引导适应论，证明它的必要性和正确性。

附 1

发展边疆　振兴中华

（在首届边疆发展中国论坛上的发言）

牟钟鉴

改革开放之后的中国边疆发展日新月异。最近中央连续召开的"边疆三会"，更把边疆与民族地区的发展推向一个新的阶段。现在，中国共产党十七届五中全会胜利召开，提出制定"十二五"规划的建议，以科学发展为主题，以加快转变发展方式为主线，为全面建成小康社会打下具有决定意义的基础，对边疆发展有重要指导意义。全会指出，要促进区域协调发展，加大对民族地区、边疆地区的扶持力度。当此之时，教育部和国家民委支持中央民族大学创建边疆发展中国论坛，荟萃群贤，集思广益，探讨边疆民族发展的新思路和新举措，为国家和社会建言献策，意义重大。我感谢论坛的盛情邀请，衷心祝贺论坛圆满成功。我对边疆发展研究较少，唯有几点感言，供各位参考。

一、边疆发展是一个全局性的战略问题

边疆发展是全球性现代化过程中必然出现的世界命题，在今日中国又有特殊的重要性和急迫性。

第一，它直接关系到民族团结。

中国边疆辽阔，是少数民族的主要聚居区。边疆稳定、民族团结是中国特色社会主义现代化事业取得成功的重要保证。民族工作要把握各民族共同团结奋斗、共同繁荣发展的主题。科学发展是硬道理，也是推进民族团结的硬道理。五十六个民族组成的中华民族大家庭不能容忍边疆发展长期滞后。

第二，它直接关系到国防安全。

边疆是国家门户和国防重点。我们不仅要有强大的国防军，还要有繁荣稳定的边疆地区，经济发达，社会公正有序，文教事业兴旺，人心向内，民族团结，军民一家，这才是真正的铜墙铁壁。

第三，它直接关系到科学发展。

科学发展观的基本要求是全面协调可持续，因此必须转变发展方式，打破城乡二元、东西部脱节、边疆与中心失衡的状态，统筹兼顾，加快新农村建设，加大边疆发展的力度，以保证全国经济社会整体协调发展。只有农村与城市、边疆与内地同步发展，中国小康社会才能全面建成。

第四，它直接关系到国家能源和生态安全。

边疆是中国能源基地和能源进出口的命脉通道。边疆有广阔的森林、草原，也有优质的水源和雄伟的雪山，是全国生态环境的屏障和涵养地。边疆如不能科学发展，就会危及中华民族的长远生存和发展。

第五，它直接关系到对外全面开放事业。

中国自古以来对外交往都是多渠道的，由边疆通向周边国家和更远的地方，包括通过边海走向大洋，通过丝绸之路走向中亚、南亚和欧洲。在经济全球化新形势下，边疆更是中国对外开放的前沿基地和窗口，沿着海疆、陆疆向外辐射，繁荣了国家经济文化，也扩大了国家影响力，改善了中国与周边国家的关系，增强了与世界人民的友谊。只有边疆民族发展繁荣，才能更好地展示中国特色社会主义事业的蓬勃生机，使周边国家和人民就近感受中华民族振兴的脚步，从而加强互利合作，打破敌对势力对中国实行的战略包围，赢得更多的朋友。

二、边疆发展面临的新问题和新挑战

目前中国边疆社会稳定，民族关系和谐，经济社会发展加快，边疆发展受到社会各界空前重视。近期，尤以云南、内蒙古和广西的跨越式发展较为突出，人口较少的民族得到国家财政的大力支持，生活有了较大改善。这些都令国人振奋。

但我们要居安思危，要有忧患意识，看到潜在的问题和挑战。世界正在发生深刻变化，既有利于中国的发展，又存在着巨大的风险。中国已进入改革发展的关键阶段，处在社会转型时期。一方面是经济社会的快速发展，另一方面是新问题、新矛盾空前增多，我们必须不断研究新动向，提出新的战略思考和应对之策。以下就我个人所见所思提出几点看法。

第一，东西部发展不平衡，边疆民族地区仍然是中国最需要发展的地方。

这与原有基础的不平衡有关，也存在内地对之关注度不足、投入力度不够的因素。边疆人民尚未充分享受到改革开放带来的丰硕成果，人均收入仍在全国平均水平以下。由贫富差距和权益不平衡造成的心理不平衡容易引发新的社会矛盾。我们要像关注"三农"问题一样来关注边疆发展问题，这两个问题本来就是密切关联的。国家一向对边疆民族地区实行优惠政策，东部对西部的支援是巨大的、有效的。但东部人士要有正确心态，支援不是单向的帮助和施予，而是互惠互利的整体协作。其实质是国家和发达地区对边疆人民所做贡献的反哺与回报，是兄弟之情和社会责任。

第二，民族关系出现新态势和新特点，民族问题与宗教问题突显，并交织在一起。

苏联解体以后，民族矛盾与宗教矛盾上升，成为国际政治的焦点和热点，第三次民族主义浪潮席卷全球。在国内，从中华人民共和国成立到1956年是民族工作的黄金时期。此后，虽然"左"的思潮流行，但当时的政治经济体制使民族问题不突显。"以阶级斗争为纲"的"左倾"路线，"文革"时期，既破坏了党的民族政策和宗教政策，也损害了民族关系。改革开放以来，平等团结互助和谐的民族关系逐步得到恢复，民族与宗教意识上升。在市场经济机制下，边疆民族地区的利益主体多样化，边民的权益意识增强，价值观念亦呈多元，影响民族关系的因素增多，加上全球化与国际关系多极化的影响，边疆民族关系内涵更加丰富，层次更为复杂，以前以行政为主的管理方式已不能适应新的态势，需要适时调整。西藏"3·14事件"、新疆"7·5事件"，就其性质而言，既不是民族问题也不是宗教问题，而是严重的暴力犯罪；但从发生的过程而言，则既有民族因素又有宗教因素。一些地区，由于民族宗教政策执行不力而出现民族关系的疏离与摩擦，被三股势力（民族分裂主义、宗教极端主义、暴力恐怖主义）用来作为煽惑民众、挑拨民族关系的口实。对此，我们要勇于和善于反思省察，改进自身内部的工作，杜绝带有民族歧视色彩的一些操作。这方面的经验教训要深刻总结。

第三，边疆地区经济社会发展所面临的结构性矛盾和发展方式的滞后，影响边疆的健康发展，也妨碍全国的顺利发展。

一是经济发展与环境保护的矛盾尚未有效解决，脆弱的西部生态经受不住东部走过的"先污染后治理"的折磨，决不能把东部高耗能、污染重的企业转移到西部，那将导致灾难性后果。二是重原材料和能源供应，轻高科技与深加工产业发展，自主创新能力不足，形成对东部的过度依赖，影响了西部的崛起。三是社会与文化建设严重滞后，尚未引起人们的高度重视。边疆民族地区由于种种原因，如基础较差、财力不足、教育落后，在社会就业、福利保障、公共服务、医疗卫生、人才培养、社群工作等方面，与发达地区相比有较大差距，少数民族青年由于语言的障碍和技能培训不足，其就业机会比汉族低，这是一个突出的问题。因此，要更新观念，创新机制。如何建设民族特色文化及其产业，使其在边疆发展中发挥应有的效能，这是建设人文边疆面临的重要任务。

三、边疆发展的几点思考与建议

我们的目标是建设祥和边疆、富裕边疆、人文边疆、绿色边疆，为振兴中华做贡献。为此，在理念上要有大的提升，在行动上要有大的作为。

第一，要深刻理解中华民族多元一体格局，把保持五十六个民族的多样性与增强中华民族的一体性高度统一起来。

费孝通先生提出的中华民族多元一体格局是中国民族学理论的一大创举，既符合中华民族多元起源，不断向中原地区汇聚，又不断向四周辐射的历史过程，又符合今天现代化事业中在保持中国内部民族文化多元性的同时，加强中华民族一体性的时代需要。林耀华先生称这一核心概念为我们认识中国民族和文化的总特点提供了理解全局的钥匙。中华民族是文化共同体和命运共同体，它的强大是各民族繁荣发展的保证。敌视中国的国际势力一直在寻找机会，妄图从边疆民族问题上打开缺口、肢解中国，我们要高度警惕，视民族团结如生命。同时，尊重各个民族发展的独创性和文化的多样性，包容特色，和而不同，平等合作，互相学习，这是保持中华民族发展活力和增强中华民族内聚引力的必要条件。中华民族是复合型民族，内部有双层结构，它之所以经久而日益强固，在于它有积蕴深厚的共同文化纽带，也在于它有包容多元、尊重差异的非凡气度。费孝通先生提出了文化自觉的十六字方针：各美其美，美人之美，美美与共，天下大同。这十六个字强调了民族之间的自爱与互爱、自尊与互尊、自信与互信，体现了民族平等的真精神，既适用于国际的民族关系，又适用于国内的民族关系。民族团结的基础是民族平等，而民族平等的精义在民族互尊，既尊重自己，同时也尊重他者，在社会政治、经济、文化、教育、信仰等各个领域实现民族权益的事实上的平等，并使各族人民能够切实感受到平等，民族尊严真正得到维护。汉族人口众多，在加强民族团结中，汉族承担着更大的责任。汉族来边疆工作生活者所在多有，能够与其他民族融洽共处；而有些汉族干部不能虚心学习，往往用汉族心理去处理民族事务，造成不良后果，就要加强培训，严格要求。民族偏见和民族歧视是历史遗留下来的相当顽固的旧观念，不容易快速消除。我们必须遵照老一辈革命家的教导，既要反对地方民族主义，更要反对大汉族主义，对错误言行不姑息、不迁就，这方面的宣传教育要长期坚持，不能放松。为此，我特别支持全国政协民族和宗教委员会副主任周明甫关于开展民族团结百年工程的倡议。

第二，要使边疆成为全国转变发展方式的先锋，并形成创新优势，以此带动中国建设事业迈向一个更高境界，形成全面协调可持续发展的、崭新的宏大格局。

国家对边疆的发展，其关注与投入应有若干倍于以前的增长，有不亚于克服世界金融危机的力度。不仅要在资金、技术、人才上大力投入，而且要用最先进的理念和方式建设边疆，不单纯追求GDP的增长，而要在高起点上推动经济向绿色发展模式转型。五中全会将生态文明建设与经济建设、政治建设、文化建设、社会建设和党的建设加以并列，足证中央对生态文明建设的高度重视。边疆要发展低碳高新技术产业、旅游业和文化产业，发展绿色环保产业，保护土地、森林、水源，治理草原沙漠化，修复生态缺失，发展循环经济，建设具有民族特色的生态城镇，使边疆成为人们向往的有创意和创业空间、有生活情趣的宜居家园，为东部城市注入新理念。边疆建设不能简单地套用内地经验，而要创造自己独有的模式，体现环境、社会和文化的特色与优势。例如，城镇建设要五彩缤纷，保持原有文化风貌与内涵，避免向东部趋同，小区建设要照顾民族的习俗与信仰。北部和西北部边疆少雨缺水，其未来的发展中，"水"可能是一个关键性制约因素，护水、蓄水、调水、节水应成为建设的重点。西部三江源生态保护区位于黄河、长江、澜沧江上游，为了保护祖国三大江河的涵养地而禁伐休牧。我们要建立生态补偿机制，使上游民众尽快富裕起来，更加积极地参与生态建设。我国有"南水北调"工程，但如何引水改变边疆沙漠地貌，尚需认真调研，科学规划。

第三，坚持和完善民族区域自治制度，是边疆稳定发展的政治保证。

　　民族区域自治是我国解决民族问题的基本政策，是国家一项基本政治制度。近年来，国内有人质疑这项制度，认为它强化了民族意识，不如学习美国，不做民族区分，只讲公民意识、公民权利和责任。公民观念固然要加强，但不应取代民族观念。我们的历史与国情不同：苏联从未形成牢固的民族共同体，美国则是移民社会，历史短暂。中国既不能像当年苏联那样采用民族自决权的口号，也不能模仿美国，在法律上抹杀民族差异。事实上苏联模式没有成功，美国的民族与种族冲突也未能有效解决。民族区域自治符合中国多民族统一国家政治管理的历史传统，适应中华民族多元一体格局，多年来也取得了很大的成功，事实证明它的大方向是正确的。西部民族区域与东部汉族聚居区的差异是客观存在的，只有认清现实，才有益于协调关系，共同发展。民族意识，人皆有之，既无须强化，也无法淡化；社会管理之道是在承认的前提下用理性加以引导，勿使走偏。民族区域自治法已制定多年，旨在发挥各民族人民当家做主的积极性，在维护国家整体利益的前提下，把民族地区建设好，以体现平等、团结和共同繁荣的民族关系。成绩是巨大的，在世界各地民族宗教冲突不断的今天，中国民族关系总体上和谐稳定，便是证明。但是，也存在一些不足之处，例如：民族区域自治法尚缺少配套的条例和规章，不便于操作和实施；少数民族干部在有的重要职务上缺位，不能有效发挥自治作用；有些干部脱离民众，代表性不足。这里的关键是如何体现国家充分尊重和保障各少数民族管理本民族内部事务权利的精神，体现国家在开发资源、进行建设中照顾民族自治地方的利益、民众的生产生活，做出有利于自治地方经济建设的安排的原则。利用当地资源兴办的国有企业不仅要使自治地方受益，还要为地方提供较多就业机会。管理部门要对民族干部和群众的爱国热情和创造能力有充分的信心和信任，该放权的要放权，不要包揽代替。我们要使民族区域自治法深入人心，在民族自治地方，严格按照民族区域自治法办事，妥善解决当前的民族事务问题。

第四，认真保护和大力发展边疆的民族文化，使其在经济社会发展中发挥更大的作用。

中华民族的格局是多元一体，中华文化的生态是多元通和，它历史悠久，博大深厚，灿烂辉煌。在孔子"中和之道"和老子"尊道贵德"思想的熏陶下，中华文化形成人文主义与宗教神道互融，以儒、佛、道三教为核心，包容各种外来信仰、各种民族民间宗教，彼此互相吸收，关系和谐，共生共荣的传统。温和主义是中国文化的主流，极端主义不易滋生，因此没有内部的宗教战争，没有迫害异端的宗教裁判所，也没有大规模的宗教运动。这是人类文明的良性的文化生态模式，我们要加以继承和发扬。党的十七大提出，"建设和谐文化"，"弘扬中华文化，建设中华民族共有精神家园"，各民族的特色文化包括宗教文化都是中华文化的有机组成部分，都为中华多姿多彩的文化做出了贡献，也必将在社会主义核心价值观指引下为中华民族共有精神家园的建设做出新的贡献。由于近现代文化激进主义和民族虚无主义风行一时，一些地区的民族文化受到较大冲击，相对而言，边疆少数民族传统文化得到较多的保存，在人们重视文化软实力的新的时代条件下，它成为一种资源优势，是弥足珍贵的。长期以来，人们在宗教问题上受苏联"鸦片基石论"和"与宗教斗争论"的影响，视宗教为异己的力量，而加以歧视和限制，"文革"中则加以迫害与取缔。改革开放以来，人们摆脱了"左"的思潮影响，回归唯物史观，回归贵和传统，以理性的、包容的态度重新认识宗教的本质和作用，提出宗教文化论与宗教和谐论。党的十七大总结了宗教工作的基本方针，强调要贯彻宗教信仰自由政策，依法管理宗教事务，坚持独立自主自办的原则，积极引导宗教与社会主义社会相适应，发挥宗教在促进经济社会发展中的积极作用，这就为各民族宗教的健康发展提供了宽松的社会条件。宗教如被敌对势力和犯罪势力所利用，就会起破坏作用；在社会主义制度下，通过正确引导，宗教的正面功能包括它的政治凝聚功能、心理抚慰功能、道德教化功能、社会公益功能、文化传承与创新功能，都将得到充分发挥，宗教可以成为社会的稳定器和发展的推动力，成为社会主义者的盟友与助手。边疆是中国少数民族宗教的重心区，教徒比重大，宗教氛围浓厚，宗教在民族生活、民族文化中有较高的地位和深远、普遍的影响，民族感情与宗教感情密不可分，宗教问题成为民族问题的重要组成部分，因此贯彻民族政策，建设民族文化，都离不开认真执行党的宗教政策，正确处理宗教问题。民族宗教文化有丰富的内涵，是全社会的财富，其巨大价值和潜力尚未被人们充分认识和估量。在文化要素越来越受到现代各国强烈关注的时代，在中国建设现代文化大国的事业中，边疆民族特色文化以其神圣性、多样性、质朴性、民众性、原生态和特有的地方风韵而为发达地区所缺少，对过于强调物质化、文饰化、时尚化地区的人们有一种较大的吸引力，成为新文化建设的创新源泉，成为对外友好交流、实行文明对话的重要渠道，日益为国内外人士所看重。我们要推动相关的学术研究、人才培养、技艺传承，做好保护物质和非物质文化遗产的工作，发展文化产业、特色产业、优势产业和旅游业，打造边疆文化精品，以文惠民，以文润人，促进中华文化繁荣兴盛，将边疆特色文化优势转化为社会发展优势，带动边疆地区的物质文明、精神文明建设和整体发展。

边疆地域辽阔，山川壮美；地貌多态，物产丰饶；文化多元，历史深厚；人民质朴，古风犹存；富有活力，蓄势待发。作为长期生活在北京的内地人，我们热爱边疆，向往边疆，衷心感谢边疆人民守护与温养的恩德，祝愿它更加繁荣昌盛，成为人间一片乐土。

以上个人管见仅供讨论并欢迎批评指正。谢谢各位！

（修订稿，2010 年 10 月 22 日）

附2

青海藏区寺院管理模式很好

牟钟鉴

　　我因身体欠佳，这次未能随考察团去青海实地考察调研。但7年以前我到过青海，在青海民族大学、青海湖、塔尔寺、海北藏族自治州西海镇、原子城纪念馆等地学习考察，并与各族各界学者朋友交流，我亲身感受到了青海的辽阔美丽、青海人的纯朴热情和青海文化的厚重多彩。今年7月初在北京听到青海省委常委、统战部旦科部长的工作介绍，学习了《青海省创建民族团结进步先进区材料汇编》，青海的经验给我留下深刻印象，特别是其民族宗教工作，给人以重要启迪。习近平总书记说："治国必先治边，治边必先稳藏。"这从战略高度阐明了治国治边与稳藏的必然联系，治国理边必先实施稳藏、建藏、兴藏的方略，进而有力地推进整个边疆祥和稳定、各民族团结友爱，实现国泰民安、繁荣发展的战略目标。历史上，藏族几乎全民信仰藏传佛教，而寺院是藏传佛教最重要的实体性存在，是藏族信教群众的精神归宿和主要宗教活动场所。寺院治理得好与不好，直接牵动着藏族社会的神经系统。因此，寺院管理具有牵一发而动全身之效。青海地域辽阔，民族众多，多宗教并存。并且，青海是除西藏外最大的藏区，藏传佛教盛行。青海也是藏传佛教发展史上许多位领袖人物和高僧大德如宗喀巴、章嘉、土观、十世班禅、喜饶嘉措的故乡，影响较大。它毗邻西藏、新疆、甘肃、四川，处于西部中心地带，是稳疆、安疆的战略要地。青海又是儒道文化、藏传佛教文化、伊斯兰教文化互相碰撞、汇聚、通和之地。党的十八大以后，新一届青海省委根据这样的历史背景、文化传统和战略地位下的特殊省情，在十年开展民族团结进步先进区的基础上，继承创新，做出了升级版的创建民族团结进步先进区的战略决策，制定出台了创建活动的《实施纲要》，并形成了省、州、县三级党委领导的"一把手工程"。根据青海的特殊性，把做好民族宗教工作，作为关乎大局的一项重大工作，认真落实《民族区域自治法》和党的民族政策、宗教政策，推动依法治藏区，实行常态治理，转变管理方式，尊重人民群众的主体地位，充分发挥他们的主人翁的积极作用，创建工作大见成效，总结出一系列先进经验。

在依法管理宗教事务方面，我认为最具特色的经验之一，是管理与服务并重，寺院由单向划一管理向综合分类管理转变。如何真正抓好寺院管理呢？过去的教训往往是：一抓就"死"，一放就"乱"，管理的尺度和方式不是那么容易掌握的。好的寺院管理应当是既能体现党对宗教界的充分尊重、信任，又能体现党和政府对宗教界的积极引导与服务，同时有利于防范非法活动。习仲勋同志当年负责民族宗教统战工作时指出，在宗教活动场所管理中，要把握好两个方面的重要原则：一方面要"松绑"，就是要大胆地把寺庙交给宗教界自主管理，我们要相信宗教界绝大多数人是爱国守法的，历史事实证明，在我们的党和国家处在关键时刻，一大批高僧大德挺身而出，与党和国家同心同德、同心同向，为维护国家统一、民族团结做出了特殊贡献。其中很多高僧、活佛，政治上靠得住、学问上有造诣、品性上能服众，在信教群众中有较高的威望，且有较为丰富的管理经验，要相信他们能够把寺庙管理好；另一方面要"捆死"，就是对一切非法、违法的活动，都必须严格禁止和取缔。① 我认为青海省委省政府提出并实施的因寺制宜、分类指导、分层管理乃是一种寺院管理长效机制，它体现了实事求是和具体情况具体对待的精神，与习仲勋同志所说的相信宗教界自治能力、又要禁止非法活动的原则是一致的。分类管理的模式是：（1）对于百分之九十以上的寺院实行自主管理，依靠宗教界爱国人士管理寺院事务；（2）对于少数管理力量尚弱的寺院实行协助管理，委派有佛教协会理事身份的干部担任寺院民管会副职，主导权仍在寺僧；（3）对于更少数寺内状态混乱的寺庙实行共同管理，建立以寺院管理干部为主导的寺管会，与寺院民管会共同管理寺院事务。我认为这种分类管理模式既符合中央政策，又适合地方实际，便于操作，有益于引导宗教健康发展，全面贯彻执行党的宗教政策，保障公民宗教信仰

① 《习仲勋同志对宗教工作的卓越贡献》，刊《宗教与世界》2013年6期，国家宗教事务局宗教研究中心编。

自由，依法管理宗教事务，实行政教分离，促进政教和谐，尊重宗教界人士和信教群众的主体地位，不干预教内纯宗教事务。因此，对于大多数活动正常、发展健康的寺院，实行自主管理，体现党和政府充分信任和依靠爱国宗教界人士当家做主的能力，最大限度调动他们的主动性和积极性是十分必要的。这样的寺院如果由驻寺干部包办或主导寺内宗教事务，不仅违背政教分离原则，而且挫伤寺院高僧的积极性，外行领导内行，也做不好寺院管理工作。对于少数存在许多问题但宗教活动大致能够照常进行的寺院，寺管会派人予以协助，使其管理水平迈向新的台阶，体现政府的引导作用，也是必要的。但是必须：一要委派本地懂汉藏双语、懂得藏传佛教、熟悉管理工作的干部去工作；二要坚守协助的地位，不得越俎代庖；三是工作的任务是增强民管会自主管理的能力，最终实现撤出协助干部而寺院活动仍能健康进行的目标。还有更少数寺院，内部管理混乱，涉俗关系复杂，须派得力寺管干部参与，同民管会共同管理寺院，也是必要的。共同管理的任务是治理无序状态，建立寺院正常制度和戒律规范，建立寺院内部爱国爱教、具有宗教学识和德高望重的教职人员骨干队伍，排除隐患，防止外部敌对势力的渗透。这样做的目的是保证寺院走爱国守法的道路，更好地为促进社会和谐、文化繁荣服务。我的看法是，协助管理和共同管理都是在特定的历史阶段、从实际出发而采取的必要管理方式，可能要存在相当长一段时间，但不是最终的目标。我们的最终目标是最大限度地缩小协助管理、共同管理的寺院数目，最大限度地增加自主管理的寺院数目，或者说协助管理、共同管理是为了提高这些寺院自主管理的能力，逐步减少政府直接参与寺院事务的程度，而能使政府专注于国家宗教法规的执行和为寺院提供公共服务。我想这也是为了实现"动态管理"，以便使依法管理有持续性和实效性。

从社会建设的角度看，把寺院纳入社会管理系统是必要的。寺院是社会的一个基层单位，僧人也是国家公民，他们应该享受改革开放带来的物质成果。青海省在管好寺院的同时，坚持民生为本、执政为民，为寺院和僧人提供了均等的公共服务及各种社会福利待遇。制定出台了《关于进一步加强寺院基础设施建设和公共服务工作的意见》，突出"树立导向、促进管理，统筹规划、分级负责，依法办事、区别对待，先易后难、分步实施"的原则，实施"六项工程"，计划通过3年的持续投入和建设，实现"5个基本"目标，切实将寺院作为社会基层单位，把宗教人员作为普通公民，一视同仁、同等对待。全省74.2%的宗教教职人员参加养老保险，93.4%的宗教教职人员参加医疗保险，1042人纳入农村"五保"户，4257人纳入城乡低保，使宗教人员共享各项惠民政策和改革发展成果，进一步增强僧俗群众爱国守法、凝心聚力、共促和谐的自觉性。为解决寺院和僧人的身边困难，青海省委和省政府专门出台文件，并从长计议，专人负责，层层落实。我想青海省是独此一家，这是民生为本、执政为民的具体表现，做到了"管好脑子"和"管好肚子"的有机结合。

为了做好寺院管理，为了引导宗教更高程度地适应社会主义社会，抓好两个培训是必要的。一是对宗教工作干部的培训，二是对宗教界人士的培训。干部培训主要是提高干部对中国特色社会主义宗教理论政策的认识，增强依法管理宗教事务意识，增加必要的宗教知识，学会尊重宗教界人士，善于与他们交朋友。由国家宗教事务局党组理论学习中心组编写的《中国特色社会主义宗教理论学习读本》（宗教文化出版社，2013年12月）是一部宗教理论政策的优秀教材，可以作为干部培训的基本读物之一。对宗教界人士的培训，青海省已经很好地开展起来，实施"提素"工程，开展爱国主义教育，提高宗教界人士的宗教素养和自我管理能力，这些培训工作都是必要的。我再补充一点，就是要培养一批教内理论人才，不仅深通藏传佛教的教义教理，还能对以往的佛教思想做创造性转化、创新性发展，以便更好地适应新时代的需要，特别要发扬佛教平等、慈悲、中道、圆融的价值理念，尊重生命，增强包容心，拒绝极端思想，走温和主义道路。这是藏传佛教教义阐释工作的题中应有之义。有了这样的佛教思想和思想家，佛教就能够成为促进社会主义社会和谐与发展的一支积极力量。青海藏区的寺院管理模式，不仅可以推动青海的民族团结、社会稳定、繁荣发展，还可以给其他藏区提供值得学习的经验，在更大范围内发挥正能量。

（本文收入《青海省创建民族团结进步先进区的理论与实践》，青海省委统战部主编，人民出版社，2014年，发表前由班班多杰教授做了修改补充，特表感谢）

2014年8月20日

附 3

宗教文化生态中的政府责任

—— 宁夏吴忠地区宗教与社会关系研究

杨学林

（曾任宁夏回族自治区党委统战部副部长、吴忠市党委统战部部长）

（"第五章 宗教文化生态下的政府责任"节录）

绪论

  …… 吴忠位于宁夏中部，历史上是农耕文明的发祥地之一，是多种宗教文化交融之地。全市126万人口，有50.2%是回族，他们大多信仰伊斯兰教；有12万人信仰佛教，有近2万人信仰道教，还有少量天主教和基督教徒。这样，有60.7%的群众是信教群众，因而是全国信教人数比例较高的城市之一，宗教资源丰富。这里有清真寺1300多座，3000多名教职人员，成为全国伊斯兰教最活跃的地区之一。有佛教场所70多座 …… 作者考察了吴忠宗教文化生态中宗教与政治、经济、教育、民族以及诸宗教之间的关系，提出了从文化生态的视角看宗教管理，坚持的原则和"人本化"管理的理念、内涵，在此基础上分析了人本化管理模式所禀赋的"尊重、引导、保护、服务"八字方针和实践效果，得出了"人本化"管理思想，理顺了信教群众的情绪，坚持了正确的管理方向，维护了宗教秩序的稳定，发展了多元文化，进而提出了宗教文化生态中的政府责任，即在观念上，与时俱进，不断创新；法制上，尊重法律，健全法规；体制上，统筹兼顾，沟通协调；方法上，调查研究，稳健灵活；作风上，依靠群众，求新务实；人才上，加强队伍，提高素质。

第一节　观念上：与时俱进，不断创新

采取一个什么样的方式管理宗教，取决于对当地宗教文化生态状况的认识，取决于对国家宗教事务管理大政方针和法律法规的理解，取决于自身工作的定位。但最关键的，还是建立于以上三者基础之上的思想观念。客观事物是发展变化的，也需要思想观念跟上不断变化的客观事物，与时俱进，与世俱进。

吴忠这些年在宗教的管理观念上经历了从排斥到尊重、从监督到保护、从限制到引导、从指挥到服务这样一个转变过程。一是过去他们更多看到宗教消极的一面，把宗教列入另册，把信教群众看成落后分子，在管理者的心理上有一种天然排斥的态度。通过人本化管理的推行，让大家更多地看到宗教作为一种普遍而持久的文化现象，是有其积极的方面，它对社会的功能是多重

的，有政治的、心理的、道德的、文化的、社会福利的，其重心是起稳定社会精神的作用。"扩大来说，宗教不仅仅有核心教义信仰，它还形成内涵丰富的文化体系，如哲学、道德、文艺、政治、经济、民俗等，与社会生活紧密联系在一起，这种联系并不因社会主义制度的建立而中断。宗教文化是人类文化的一部分，也可以成为社会主义的一部分，包含着许多有益的成分，表现人们的智慧和品性，应该加以重视"（牟钟鉴：《探索宗教》，宗教文化出版社，2008年，第28-29页）。这样就对宗教文化给予了尊重，对宗教生活给予了尊重，对信教群众也给予了尊重。二是过去他们把管理看作监督，统战、宗教部门的干部充当了消防队员的作用，整天忙于涉及宗教问题的突发事件，往往头痛医头、脚痛医脚，忙忙碌碌，应接不暇，后来他们认识到信教群众也是人民群众的一部分，是建设社会主义事业的积极力量，他们的行为包括合法的宗教行为应该受到法律的保护，在思想上自觉树立了宗教财产不可侵犯，宗教活动不得干扰，合法的宗教和教派要保持其相对稳定的观念。三是过去把宗教看作一种异己力量，要严加防范和控制，使其力量越小越好，信教人数越少越好，后来他们认识到宗教与社会主义，"从社会政治和文化的层面来说，两者之间有许多相容性，不仅可以并行不悖，而且在引导正确的条件下，两者可以互相渗透，形成良性互动关系。"（引文同上）四是他们过去在管理工作中，往往把管理者看作指挥员，后来他们认识到宗教作为一种文化现象有其自身运动、变化的规律，宗教行为也是在教义教规引导下约定俗成的行为，宗教活动本身是信教群众集体表达的一种美好愿望，这就使得这种指挥和宗教自身运行的规律形成了"两张皮"的现象，于是自觉地从指挥转变到服务上来，通过服务体现管理者的宗旨意识，通过服务赢得群众的信赖，通过服务保障宗教生活的有序进行 …… 从现实看，和谐社会的建设需要宗教这种文化资源。作为政府，应该看到和谐社会的建设，不仅是一项社会工程，也是一项文化工程。通过弘扬中华人文精神，活化民众的人文性灵，消除社会转型过程中因价值冲突而导致的人与世界的分裂，使人的灵魂诗意地栖居，对社会主义和谐社会的建设具有十分重要的意义。中华宗教文化是中华文化的组成部分，尤其是以"和谐"为生命之本的生命哲学，以"和达"为在世之道的社会哲学，以"和中"为文明之度的生活哲学，以"和善"为人际之理的道德哲学，以"和生"为人物之法的生态哲学，不仅形成了其丰满而鲜活的"和美"哲学体系，极大地丰富了中华"和"文化的内涵，成为华夏善男信女和日常百姓自我超越、安身立命、和谐生活的灵性关怀与实践智慧，而且也成为化解当代社会人的灵魂与肉体的分裂、人与社会的分裂、人与文明的分裂、人与人的分裂、人与自然的分裂，建设社会主义和谐社会重要的文化资源。（引述高长江:《和谐社会与宗教灵性》,《社会科学战线》, 2008年第2期 ）

第二节　法制上：尊重法律，健全法规

2004年11月，国务院颁布了《宗教事务条例》，成为宗教法律建设上的里程碑，也是我国政府依法管理宗教事务的新起点。但作为地方政府由此而带来的困惑也是多方面的：一是长期运用政策手段管理宗教事务的习惯难以克服，运用法律手段管理宗教的局面尚待形成；二是《宗教事务条例》作为国家法规，有其纲领性和宏观性，与地方的实际结合还有一定的距离；三是一般宗教事务管理的法规，在其立法原则上，涉及与其他法律法规的衔接，但全社会不同法制领域，依据自身法规支持宗教法规的意识尚未形成。有鉴于此，吴忠市在人本化管理过程中，注意处理了以下四个关系。

一、正确处理自由与法治的关系

《中华人民共和国宪法》规定，公民有宗教信仰自由。这个自由包含着两层含义：一是承认并保护个人精神信仰的绝对自由，任何人不能干涉这种思想层面的内在性、自主性和隐秘性；二是强调宗教行为及其组织在社会层面的相对自由，宗教作为社会团体的一种集体行为，在社会中表现出公开性、透明性和组织性。因此，他们把个人自由与社会行为区别开来，明确了作为信教群众思想领域的自由是应该得到尊重的，而作为社会层面的宗教活动理应接受依法管理。近年来，吴忠依据《中华人民共和国宪法》和《宗教事务条例》制定了《吴忠市宗教活动场所民主管理意见》《宗教活动场所财务管理意见》《大型跨地区宗教活动管

理意见》《阿语学校经文班管理办法》，使《宗教事务条例》更有针对性和可操作性。这样，在尊重私人形式，充分保留宗教的个人性与自由度的同时，又能够使宗教组织形式有章可循……

二、正确处理国家法制体系与宗教制度的关系

宗教事务管理的法制化是指政府对涉及国家利益、社会公共利益、宗教权益的管理，它必须依据宪法、法律法规及有关规范性文件，将宗教事务管理纳入法制化的管理轨道。宗教制度是："人类对复杂社会现象的理解往往受超自然力量的影响，这种超自然力量形成一系列价值准则、仪式、组织与章程，就构成了宗教制度。宗教制度是维持社会秩序的重要精神力量，同时也成为约束人们行为的强有力的社会规范"（吴增基等主编：《现代社会学》，上海人民出版社，1997年）……

三、正确处理宗教法律法规和相关法律法规的关系

《宗教事务条例》有一个鲜明的特点，就是不单涉及宗教行政管理部门，而是涉及政府诸多部门……这不仅反映了宗教问题的特殊复杂性，而且反映了宗教工作的社会综合性。这就要求树立"大宗教工作"的格局，既分工负责，又协同配合，真正形成宗教执法的整体合力……

四、正确处理政府行政管理和宗教界自我管理的关系

在宗教事务的管理中，吴忠的管理者们认为，宗教事务管理有两个管理主体：政府和宗教界。所以依法管理宗教事务包含着政府对宗教事务的依法管理和宗教界的自我管理……在宗教自我管理方面，凡是符合国家法律法规和宗教教义的宗教行

为，政府都应给予必要的尊重，让他们根据教内习惯做法和历史定制，自我组织、自我管理，政府只是提供外围治安上的必要保证……

第三节　体制上：统筹兼顾，沟通协调（略）

第四节　方法上：调查研究，稳健灵活（略）

第五节　作风上：依靠群众，求真务实

信教群众是人民群众不可分割的一部分，当然也是我们做好宗教工作必须依靠的力量。吴忠在人本化管理过程中，始终想为信教群众着想，急为信教群众所急，赢得了信教群众的信赖和支持。

一、带上感情，做信教群众的贴心人（略）

二、带上"面子"，做矛盾纠纷的调解者

这个"面子"，是长期在群众中形成的威信。宗教领域中矛盾和纠纷常有，这些矛盾和纠纷属于人民内部矛盾，采取疏导的方式解决。

三、带上法宝，做代表人物的好朋友

对宗教上层人士和重点人物进行思想上的定期沟通、政治上的妥善安排、生活上的关心照顾，以发挥其在信教群众中的积极作用，是中国共产党的传统法宝。吴忠在工作中充分运用这个法

宝，建立了统战部长、宗教局长定期约见宗教界代表人士制度及节日期间市领导拜访慰问宗教界代表人士制度，形成了经常性的沟通渠道。在人大代表、政协委员的政治安排中，充分考虑了各个宗教、各个教派重点人员的政治诉求。……充分的尊重和信任，使宗教界感受到党和政府的温暖，支持政府依法加强宗教事务的管理，在政府和信教群众中建立了一条牢不可破的纽带，促进了吴忠的经济发展和社会稳定。

第六节　人才上：加强队伍，提高素质

实现对宗教文化的培育，关键在于对人的培养。在这方面，应该抓好"三支队伍"建设。

学识水平高，宗教操守好，在群众中有威望的宗教职业队伍（略）

政策水平高，判断能力强，善于处理突发事件的宗教事务管理队伍（略）

思维角度宽，文化底蕴厚，能耐得住寂寞的宗教研究队伍（略）

（宁夏人民出版社，2012年）

费孝通与新仁学

费孝通晚年把思考的范围从社会学扩展为大社会学，不仅如此，他的学问还超越了社会学，上升到哲学，致力于吸纳儒家哲学的智慧，关注当代人类的命运和文明转型问题，他自己也成为一名大哲学家。虽然由于年迈，他未能建构自己的哲学理论体系，但提出了一系列哲学命题与核心理念，引领着人文社会科学的健康发展。

费孝通晚年的哲学思考，可用他的两本遗稿来研究。一本是他的侄子费皖编的《费孝通在2003年》（中国社会科学出版社，2005年11月），另一本是《费孝通九十新语》（重庆出版社，2005年11月），都是费孝通去世不久编辑出版的。前一本书收入费孝通四篇文章：第一篇"暮年自述"，回顾他一生的片段经历；第二篇"社会学还应研究些什么"，有小标题"究'天人之际'"、"精神世界"、"文化与'不朽'"、"只能意会"、"讲不清楚的我"、"将'心'比'心'"、"方法论与古代文明"和"结语"；第三篇"文化自觉——传统与现代的接榫"；第四篇"'美美与共'和人类文明"，有小标题"文明的话题"、"时代的呼唤"、

"经验性研究"、"心态和价值观"、"交融中的文明"、"中华文明的启迪"、"跨文化研究的人文属性"、"美美与共"和"博采众家之长"。这本书中谈的大都是综合中西而创新的哲学问题。第二本书收录的24篇文章中，主要阐述当代人类文明转型哲学问题的有："要对时代变化作出积极有效的反应"、"新世纪 新问题 新挑战"、"创建一个和而不同的全球社会"、"经济全球化和中国'三级两跳'中对文化的思考"、"人类学与21世纪"、"进入21世纪时的回顾与前瞻"、"关于'文化自觉'的一些自白"、"试谈扩展社会学的传统界限"、"对文化的历史性和社会性的思考"、"暮年漫谈"（同于前书的"暮年自述"）、"'美美与共'和人类文明"（同于前书最后一篇）。

一、费孝通把人类学真正升华为哲学的人类学

费孝通在"暮年自述"中回忆他青年时师从俄国人类学家史国禄学习的情景，说："记得当年史老师说过'心理学之外还应该有个东西'这样的话，那时我还不能懂得这话里的含义。如今上了年纪，脑子里经常出现一些过去没有想过的问题，近年来我写了一些文章就是讲这些问题的，比如'天人合一'的思想，又比如人所特有的所谓'心态''精神世界'等究竟是个什么东西？这个看不见、摸不着的东西，将来是不是能够'捕捉'到？也许能够用什么仪器测定出来……有了这些想法，我觉得跟史老师似乎更靠近了。史老师的理论宽阔、广博、深奥，我曾经说过：

'他在理论上的贡献也许就在把生物现象接上社会和文化现象，突破人类的精神领域，再从宗教信仰进入现在所谓意识形态和精神境界这样一以贯之地把人之所以为人，全部放进自然现象之中，作为理性思考的对象，建立一门名副其实的人类学。'"如果说，以往的人类学虽然把研究对象指向人类及其文化，但局限于社会层面的考察，并没有涵盖人类文明的方方面面，特别没有关注人类的精神境界并达到天人合一的高度，而费孝通在评价史国禄理论贡献时提出的这一指向，就是哲学，是冯友兰所说的"四境界"（自然、功利、道德、天地）中的天地境界，如宋代哲学家程颢所说："仁者以天地万物为一体，莫非己也"，"仁者浑然与物同体"。这就是人类哲学，也就是生态哲学，人类学与哲学融合为一。

费孝通为什么能做到这一点？原来他通过当代新儒家的作品走近孔子仁学，故而能打通西方人类学和中国哲学，实现了一次综合创新。他在"暮年自述"中回忆说："我从小接受'新学'培养，没有上过私塾，连最普通的《三字经》《百家姓》也没念过，是一个对中国文化缺乏基本训练的知识分子"，所以"要补一补中国传统文化课，于是就找到了陈寅恪、钱穆、梁漱溟三位国学大师的书来读。真是开卷有益，读他们的书很有收获，不仅加深了我对中国文化精神的理解，还加深了我对中西文化比较的研究"。费孝通称赞陈寅恪"是位卓有成就的历史学家，称得上是一位学贯中西的学者，而且生性耿直、坦荡，很有点旧知识分子那股'士可杀不可辱'的劲头"。对于钱穆（钱宾四），"一直到21世纪我退休了，为了补课我才细细地读他的书，越读越觉得他同我近了，有很多相通的地方。比如我觉得在社会和自然的关系上，最好的表达方式就是中国古代'天人合一'的说法。读了宾四先生的书以后，发现他是个热衷于'天人合一'的历史学家，据说他在去世前曾对夫人说，他对'天人合一'有了新的体会"。对于梁漱溟先生，费孝通说："这次也补读了梁漱溟先生的书。""记得从燕京毕业后，有一段时间参加了梁先生在山东邹平县搞的乡村建设工作。"1988年在香港召开"中国宗教伦理和现代化"研讨会，"在这次会上我发表了《论梁漱溟先生的文化观》"，"据说梁先生去世前，有人问先生：在民主党派人士中，对谁的印象最好？他随口答道：费孝通。费孝通这个人样样通，近年来深入农村工矿，使他更通了。他的名字里就有一个'通'字嘛。""这次再读梁先生的书，发现有两条我同梁先生连接上了，一条是对社区的研究，另一条是对中国文化的态度 —— 反对全盘西化，主张不能脱离中国文化来谈文化的变迁；提倡从传统的基础出发，改造一些不合时宜的传统做法来适应新的时代潮流。"费孝通补课读陈寅恪、钱穆、梁漱溟三位国学大师的书，可以说是看准了三人是当代国学代表性大师，其共性，一是具有仁人志士的大丈夫气概，二是有仁民爱物的仁爱关怀，三是能会通中西文化的优长而适应当代整个人类转型的需要，如谭嗣同在《仁学》中说的"仁以通为第一义"，儒家仁学必定要通于天下。人类学有了仁学的精神，就成为有普遍价值的人类哲学。

二、费孝通从提升人性的角度光大了仁爱的哲学

费孝通认为人性是生物性与社会性的统一，"社会学中的'人'的'生物性'，应当属于人的'自然属性'的一部分，是一种更为广义的概念，是和人的'社会性'融为一体的"。（"究'天人之际'"）社会性意味着什么？就是文化性，"'社会'为什么能长久存在？因为有'文化'。而文化是如何起作用的？是基于人的群体性即社会性"，"李白这个人，是一个具有有限生命的'人'，而他的诗和诗的风格，则是'文化'，'人'是会消失的，但'文化'保留下来了，社会长存，文化不死，创造文化的人也就'不朽'了"。（"文化与'不朽'"）

费孝通从中国哲学的核心概念"心"讲起，"在古典人文思想中，'心'是个人自我体验和修养的一个核心概念"，"它的内涵十分广泛，包括思想、意识、态度、情感、意愿、信念，等等。"他特别指出："当人们谈到'心'的时候，总是自然产生一种'心心相通'的感觉，即使讨论别人的'心'的时候，其描述的口吻，也就像一种'设身处地'"，读杜甫诗"三顾频烦天下计，两朝开济老臣心"，"这首诗透出的杜甫的心情，好像和几百年前的孔明获得了一种跨时代的'通感'，仿佛在直接感受孔明那种'良苦用心'。在这种陈述的习惯中，'将心比心'的说法，就是顺理成章的了"。

三、仁学的精要为"推己及人"

费孝通说:"'心'的概念的另一特点,是它含有很强的道德伦理的含义。抽象的、认识论上的'心'的概念,是基于心脏是人生命中'最重要器官',因此,它也是自然地代表着'做人''为人'方面最生攸关的、最需要珍重的东西。当你使用这个概念的时候,背后假设的'我'与世界的关系已经是一种'由里及外''由己及人'的具有'伦理'意义的'差序格局',而从'心'出发的这种'内''外'之间一层层外推的关系,应该是诚、正、仁、爱、恕等,翻译成今天的语言,就是说这种'内''外'之间的关系应该是真诚、共存、协调、和睦、温和、宽厚、利他、建设性的,等等,这种关系是符合'天人合一''推己及人''己所不欲,勿施于人'等人际关系的基本伦理道德的。""这种观念,不同于我们今天很多学术研究强调的那种超然置身事外、回避是非的'价值中立''客观性'等观念,而且坦诚地承认'价值判断'的不可避免性;它不试图回避、掩盖一种价值偏好和道德责任,而是反过来,直接把'我'和世界的关系公开地'伦理化',理直气壮地把探索世界的过程本身解释为一种'修身'以达到'经世济民'的过程(而不是以旁观者的姿态'纯客观''中立'地'观察'),从'心'开始,通过'修、齐、治、平'这一层层'伦'的次序,由内向外推广开去,构建每个人心中的世界图景。"("将'心'比'心'")费孝通以上这段论述文字,已经抓住了儒家仁学的要领:一是仁者爱人,对他者对万物要有爱心，即孟子说的"亲亲而仁民，仁民而爱物"，从自己做起，层层向外推去，直到"仁者以天地万物为一体"；二是忠恕之道，按朱熹的解释，"尽己之谓忠，推己之谓恕"，尤其是恕道，即"己所不欲，勿施于人"，体谅人、尊重人，换句话说，就是将心比心、推己及人，孔子认为"恕"是一言而可终身行之者；三是孔子讲的"修己以安人""修己以安百姓"，《大学》则概括为"修、齐、治、平"；四是人应当是道德人，对世界有责任有担当，真诚无伪，精诚不懈，为人类社会的和平、协调发展贡献力量，因此人文学不应价值中立，恰恰应向社会提供真善美的价值取向。

四、从"和而不同"到"美美与共"

在《费孝通在2003年》中有一篇："文化自觉 —— 传统与现代的接榫"，费孝通开头便说："近些年来我常讲'文化自觉'问题，正式采用这个名词是在1997年北京大学举办的第二届社会学人类学高级研讨班上。"他回顾了晚清以来中西文化碰撞的历程。过去清朝以"天朝大国"自居（我称之为文化自大），但败于西方列强之后，不得不认输。中国知识界围绕着中华民族的命运和中国社会的变迁，在中西文化比较上争论不休。五四运动以后，"基本上是要以西方现代化来代替中国的旧文化了"，"其中最重要的是民主与科学"。"归结起来看，无论是'戊戌'的维新变法、'五四'的新文化运动和解放后的历次政治运动，都是在破旧立新的口号下，把'传统'和'现代化'对立了起来，把中国的文化传统当作了'现代化'的敌人。'文化大革命'达到了顶点，要把传统的东西通通扫清，使人们认为中国文化这套旧东西都没有用了。"这其实就是文化自卑。当然，港台新儒家在"探求中国文化的道路"，其代表性事件是"1958年元旦张君劢、唐君毅、牟宗三、徐复观四位先生在香港《民主评论》上所发表的一篇宣言 ——《中国文化与世界 —— 我们对中国学术研究及中国文化与世界文化前途之共同认识》"。从大陆来说，"这种情况直到改革开放后开始有反思"，一些知识分子探讨"怎样在'传统'和'现代化'之间找到接榫之处。说明文化不仅仅是'除旧开新'而且也是'推陈出新'或'温故知新'。'现代化'一方面突破了'传统'，另一方面也同时继续并更新了'传统'。"费孝通很认同"陈寅恪先生讲'一方面吸收输入外来之学说，一方面不忘本来民族之地位'；钱穆先生说'余之所论每若守旧。而余持论之出发点，则实求维新'"。费孝通说到自己："我在提出'文化自觉'时，并非从东西文化的比较中，看到了中国文化有什么危机，而是在对少数民族的实地研究中首先接触到了这个问题"，"可以说文化转型是当前人类共同的问题。所以我说'文化自觉'这个概念可以以小见大，从人口较少数民族看到中华民族以至全人类的共同问题。其意义在于生活在一定文化中的人对其文化有'自知之明'，明白它的来历、形成的过程，所具有的特色和它的发展趋向，自知之明是为了加强对文化转型的自主能力，取得适应新环境、新时代文化选择的自主地位"。费孝通提出了"中华民族多元一体格局"，他同时也认为，"'多元一体'的思想也是中国式文化的表现，包含了各美其美和美人之美"，"只有这样才能相互容纳，产生凝聚力，做到民族间的和国家间的'和而不同'的和平共处，共存共荣的结合"。他指出："能想到人家，不光想到自己，这是中国人际关系当中一条很重要的东西，老吾老以及人之老，幼吾幼以及人之幼，设身处地，推己及人，我说的差序格局就出来了。这不是虚拟的东西，是切切实实发生在中国老百姓日常生活里的真情实事，是从中国悠久的文化里边培养出来的精髓。"从以上论述中我们可以领略出，费孝通所说的"文化自觉"，其要点有：一是文化自觉是针对近代中国人的文化自卑而发，有改变旧思维定式、引领新潮流的作用；二是文化自觉是既有自知之明又有知人之明，它使文化自信建立在科学理性指导下，因此没有盲目性；三是文化自觉从中国多民族尤其少数民族文化中总结经验，进而考察全球化时代人类文化的转型，其视野是全人类的、跨文化的；四是文化自觉来源于儒家"和而不同"的大智慧，它是民族之间、国家之间和平共处的必然法则，即承认差别、包容多样；五是由人性爱心产生的将心比心、推己及人是实现和而不同的精神支撑，因此，关爱他者的文化自觉也必然是人性的普遍提升。

本书的另一篇文章《"美美与共"和人类文明》，进一步深化了文化自觉的内涵，深刻揭示了其重要的现实意义。第一，他批判了长期主导国际政治的西方的强权主义，"近百年来，随着西方强势文化的扩张，'自我中心主义'的倾向也在一些人的头脑里大大地膨胀起来，'西方至上主义'、'殖民主义'、'极端国家民族主义'和'种族主义'等思潮，成了20世纪两次世界大战的催化剂，也是造成很多国际性问题的重要原因。时至今日，世界上极端主义和以暴制暴所造成的种种事端，依然摆脱不掉'以我为中心'的影子。"因此，需要在更高层次上另寻出路。第二，他认为，"和而不同"的概念，"它是中国传统文化中的一个重要核心。这种'和而不同'的状态，是一种非常高的境界，它是人们的理想"。但要世界各种文明、各个民族认同它，还有很长的路要走。第三，他提出的"各美其美，美人之美，美美与共，天下大同"，就是对"和而不同"的阐发，就是文化自觉。即：一方面各民族"对自己的文明进行反省，做到有'自知之明'"，另一方面"在欣赏本民族文明的同时，也能欣赏、尊重异民族的文明。那么，地球上不同文化、不同民族、不同国家之间就达到了一种和谐，才能出现持久稳定的'和而不同'"。第四，要真正做到尊重文化的他者，就要进行实地调查，虚心理解对方，"深入到'异文化'中去做调查，努力学习'他人'的语言、传统，入乡随俗，适应他们的生活方式，做到设身处地地用当地人的眼光来看待周围的事物……这本身就是对'异文化'的尊重和对'异文化'开放的心态。如果连这种最基本的平等态度都没有，还谈什么交流和沟通"。这一条费孝通身体力行地做到了，而且在年老时仍然坚持去做。最后，文化心态的调整和健康心态的培植。对于中国人，要克服两种偏向："一种是妄自菲薄，盲目崇拜西方；一种是闭关排外，甚至极端仇视西方"，要学会博采众家之长。第五，不把自己的价值观强加于人，而要学会尊重人，这是实现和而不同、美美与共的关键所在，"孔子说：'己所不欲，勿施于人'，强调的是人们'不应该做什么'，而不是要求人们'应该做什么'；又如'修己而不责人''退一步海阔天空'这样的格言，都包含了克己、忍耐、收敛的意思。这些思想是在中华民族多元一体格局形成的漫长岁月中，逐渐发展起来的中国人特有的一套哲学思想"。我们说费孝通创新了孔子的"和而不同"伟大思想，是指：（1）把"和"具体化为"各美其美，美人之美"，有自知有知人，而且所美者皆是美，也就是弘扬精华、弃其糟粕；（2）结合近代中国实际，点明要克服文化自卑，实现文化自觉，实现一次否定之否定；（3）把和而不同归结为相互尊重，并强调通过接触、调查、参与生活来真正了解他者的文化，把哲学落实为社会实践；（4）把"美美与共"与实现大同理想结合起来，为建设人类命运共同体贡献力量。

五、时代需要仁和哲学，仁和哲学需要创新

《费孝通九十新语》所收文章，与《费孝通在2003年》中的文章，有重叠有不同。前书的《暮年漫谈》即是后书的《暮年自述》，前书的《试谈扩展社会学的传统界限》即是后书的《社会学还应研究些什么》，前书的《关于"文化自觉"的一些自白》即是后书的《文化自觉传统与现代的接榫》，前书与后书皆收入《"美美与共"和人类文明》，标题与内容完全相同。但前书所收

文章多于后书，涉及极为广泛，如城市社区建设、西部文化生态、古代玉器、小城镇等问题。对于仁和哲学的创新发展而言，主要有以下两个观点需要特别加以阐述。

其一，关于新时代的社会形态。费孝通在《经济全球化和中国"三级两跳"中对文化的思考》中说："我这一生经历了 20 世纪我国社会发生深刻变化的各个时期。这段历史里，先后出现了三种社会形态，就是农业社会、工业社会和信息社会。这里边包含着两个大的跳跃，就是从农业社会跳跃到工业社会，再从工业社会跳跃到信息社会。"新的信息社会，跨国公司大量发展，国与国、民族与民族、文化与文化、区域与区域之间的界限越来越模糊，经济发展与环境保护相互依存度大大上升。在这种情况下，中国文化的精华就极其重要了。"中国传统文化思想的一大特征，是讲平衡和谐，讲人己关系，提倡天人合一。刻在山东孔庙大成殿前的'中和位育'四个字，可以说代表了儒家文化的精髓，成为中国人代代相传的基本价值取向。"费孝通追述潘光旦先生的话，"认为在社会位育的两方面中，位即秩序，育即进步。位者，安其所也；育者，遂其生也。"因此，"人类学要为世界文化的多元和谐做出贡献"，从而提出文化自觉十六字，目的是"确立世界文化多元共生的理念，促进天下大同的到来"。由此我们可以得知，在"各美其美，美人之美，美美与共，天下大同"之中，包含了费孝通对信息社会、网络时代的认知，人类已经紧密地联结在一起，不可切割了；同时，费孝通对当代人类发展对生态环境的高度依赖又有深刻认识，人与自然必须共生，天人合一是必然的。这两条决定了世界必须走和而不同之路。"否则就要出现纷争。而现在人类拥有的武器能量已经可以在瞬间毁灭掉自身。"可见，时代多么需要仁和哲学，仁和哲学多么需要结合时代做出新的解释，使更多的人了解它的当代价值。

其二，关于当前国际政治中民族和宗教的冲突及化解之道。费孝通高度关注和平共处问题。他认为："过去占主要地位的西方文明即欧美文明没有解决好的问题，在这几年逐步凸显出来了。事实上也发生了很多的地方性的战争。最突出的是科索沃战争，这一类的战争还在不断地发生。从人类学角度来看，第二次世界大战后，社会的巨变，科技、交通的发展，已使人类不能像简单社会那样处于相互隔绝的境界之中，人类的空间距离也日渐缩小。然而就在人类文化寻求取得共识的同时，大量的核武器、人口爆炸、粮食短缺、资源匮乏、民族纷争、地区冲突等一系列问题威胁着人类的生存。特别是'冷战'结束后，原有的一直隐蔽起来的来自民族、宗教等文化的冲突愈演愈烈。""从这个意义上说，人类社会正面临着一场社会的危机、文明的危机。""21世纪的脚步声已依稀听到，人类正在匆匆构筑21世纪的共同理念。不同的国家、民族、宗教、文化的人们，如何才能和平相处，共创人类的未来，这是摆在我们面前的课题。"(《创建一个和而不同的全球社会》)于是儒家的"中和位育"就重要了。费孝通列举了一系列人类面临的危机，指出其中民族、宗教冲突由隐而显，愈演愈烈，可以说是一针见血，抓住了主要矛盾。这一矛盾如不化解，其他危机难以解决。而化解之方，非仁和之道莫属。

人类正在呼唤新的人文主义，它以人为本，把尊重生命、保护生命置于至高地位；它能超越各种信仰的局限，具有天下一家的情怀；它有着中和、理性的精神，能够协调各民族、各宗教之间的关系，用"贵和"哲学取代"贵斗"哲学。它并不向世界推广某种信仰，只向世界提供协调关系的智慧，使各民族各宗教在共存共荣中健康发展。

六、我致力于创建新仁学

费孝通先生对孔子儒学仁和之道的传承开新与我的新仁学构想，可以说是殊途而同归。费孝通晚年是在构建大社会学和哲学人类学过程中走近仁学并做了现代性的运用。我是在改革开放以后参与孔子基金会与国际儒学联合会的工作中不断反思、吸收先辈师长的智慧，而走近仁学的。费孝通已年迈，提出一些核心理念，未及形成体系；我则试图将仁学加以转型，初步构建一个体系框架。我无缘直接当面聆听费孝通的教诲，但在构建新仁学过程中却不断从费孝通著作中吸纳营养，增强了理论的自觉和力量。主要有三个方面。

（一）书写《新仁学构想 —— 爱的追寻》

20世纪八九十年代以来，我围绕儒家仁学写了一系列论文，如《重建诚的哲学》《儒家仁学的演变与重建》《儒家天人之学与生态哲学》《论孔子的中和之道与当代温和主义》等。在此基础上，梳理出书的基本思路：（1）以仁爱为核心理念，突出生命哲学的主线；（2）以孔子儒家为主，吸收诸子百家之长而加以综合创新；（3）以孔子儒家为主，吸收西方文化之长，使新仁学具有当代精神。然后，搭建新仁学基本理论框架：三大命题，再提出新仁学义理十论。最后，论述新仁学与当代新人文主义的建设。

1.新仁学的三大命题

其一，以仁为体，以和为用。这是新仁学的体用论。人类是群体动物，又具有文化性，在天性里有爱心，即良知良能，加上后天教育，能意识到互爱是文明人的共性。而冷酷和仇恨是人的动物性的恶性膨胀，害人又害己，使人倒退到野蛮。有仁才有和，爱心表现于日常生活和人际关系之中便是和。在家庭，"家和万事兴"；在社会，便是"政通人和"；在世界，便是"协和万邦"；在自然，便是"天人一体"；在文明，便是"和而不同"。没有爱心，和是扭曲与易散的；没有和谐，也体现不出仁爱，冷漠和争斗都是爱心丧失的表现。仁爱是情与理的结合，将先天情感用道德理性加以调适，使之合情合理，如《毛诗序》所说："发乎情而止乎礼义"。仁爱有差等，推己及人，由近及远，如孟子所说："亲亲而仁民，仁民而爱物。"爱心要体现为互利共赢，如墨子所说："兼相爱则交相利"，反之，兼相害则交相损。仁爱必须是互尊的爱，而不能是强迫的爱，即实行恕道，将心比心，充分沟通，达到互谅互让。仁爱要敬业乐群，知行合一，做好本职工作。仁爱要渗透到制度设计和社会管理中去，实行人性化制度和管理，关心弱势群体，使人民感到温暖。失去了仁爱的说教和制度就会变成"以理杀人"和"吃人的礼教"，历史教训要吸取。

其二，以生为本，以诚为魂。这是新仁学的生命论。生命是无比珍贵的，任何人都没有权力伤害它。人们的生命和健康在一切社会事业中居于至高无上的地位。仁爱之心必须表现为对生命的关注、爱护、扶助、尊重。孟子强调人要有不忍人之心，也不能借口社会事业需要而去杀人，"行一不义，杀一不辜，而得天下，皆不为也"（《公孙丑上》）。《老子》讲"万物得一以生"，道教提出"生道合一"论，以"性命双修"为炼养原则。佛教讲大慈大悲，戒杀止恶，保护和普度众生。新仁学的生命观要扩展到天地万物，树立"民胞物与"的大生命观，仁者应当与天地万物为一体，如横渠四句所言："为天地立心，为生民立命，为往圣继绝学，为万世开太平。"以诚为魂关乎人的文化生命的真实性，不做伪善者，不做两面人，呈现自己真实无妄的心灵。《老子》说"智慧出，有大伪"，这是人性的异化。李贽作《童心说》，要求人们做真人、办真话、办真事，走出虚假的世界，返回真实的世界，人间才有美好的生活。以诚为魂的另一个要求便是"择善而固执"，不诚无物，精诚所至，金石为开，故至诚如神。要在政治上取信于民，在经济上以诚信为本，在道德上真诚待人，在学术上用真心写真文而感动人。

其三，以道为归，以通为路。这是新仁学的大同观。在中华文化用语中，"道"代表真理，落实到社会理想，便是大同世界的有道之世，如《礼运》所说："大道之行也天下为公，选贤与能，讲信修睦"，"老有所终，壮有所用，幼有所长，矜寡孤独废疾者皆有所养"，没有盗窃乱贼，没有战争，天下太平。《易传》说："天下同归而殊途，一致而百虑"，认为各国各族最终都会进入大同世界，而道路各有特色；各种学说都在追求大同理想，但说法各有侧重。"以道为归"，也就是以真善美为目标。大同世界的社会成员并非没有矛盾，但以文明的方式加以解决，不再诉诸暴力。大同世界的族群并非没有差异，仍有职业分工，但普遍富裕，没有失业。大同世界的文化并非整齐划一，而是百家争鸣、百花齐放、五彩缤纷。大同世界的形态并非凝固不变，而是不断开拓创新，永无止境，各地区各民族呈现多样性，又相互学习、取长补短。"以通为路"是走向大同世界（有道之世）的途径，是在国家民族之间筑起畅顺无阻的沟通、交流、合作的渠道，使人类摆脱彼此冷漠、隔阂、歧视、防范、仇恨的困境，迈向天下一家的坦途，使兼相爱、交相利成为生活现实。然而"通"与"塞"的矛盾仍然严重存在。一方面，现代是高度通畅的时代，交通发达，共同市场扩大，信息传播快捷，互联网把人类紧紧连为一体。另一方面，政治不通，对抗仍是常态；经济不通，贸易摩擦不断；民族不通，一些民族之间宿怨难消，势同水火；宗教不通，一些宗教或教派间极端排他，宁斗不和，不惜害生。因此，提倡通学，打通各种关塞，乃是人类发展的当务之急。可以先行"利通"，在经济上互惠共赢；再要"法通"，制定和恪守国际公共生活准则；还要"文通"，加强彼此间的文化交流，互鉴互学；最后，逐渐做到"心通"，使仁爱之心普及于全人类，如果心灵阻塞，即使有路，也会变成泥泞之路、断裂之路，甚至烽火之路、苦难之路。

2.新仁学的十大专论

（1）仁性论。它综合孟子性善说和荀子性恶论，而主张人性善恶混杂。人性先天有动物性，后天有社会性，是群体的一员，又有个体的利益。当社会性与群体性能有效控制动物性和个体性时，人的善性就会加强成为善人；当动物性和个体性膨胀失去控制时，人的恶性就会发展而成为恶人。因此，人的修身自觉和教育得当就成为人性健康发展的决定因素。

（2）仁修论。强调人性的涵养。要吸收古圣贤的智慧和教导，如"志于道，据于德，依于仁""躬自厚而薄责于人""慎独""见贤思齐""过则勿惮改""尊德性而道问学""知行合一""以文会友，以友辅仁"等。

（3）仁德论。社会道德基本规范是"五常"（仁、义、礼、智、信）、"八德"（孝、悌、忠、信、礼、义、廉、耻），以仁为体，包纳诸德，"孝悌为仁之本"，要"居仁由义"。君子人格有三要素："仁者不忧，智者不惑，勇者不惧"。

（4）仁志论。志是人生的奋斗目标。朱熹说，学者须以立志为本，立志要高，立志要坚，才能成就大业。志士要"仁以为己任"，一生坚守不动摇。孔子说："三军可夺帅也，匹夫不可夺志也"，孟子说："富贵不能淫，贫贱不能移，威武不能屈。"今天，作为民族精英的知识群体，应有深厚的大爱，立志高远，性格坚强，主动承担起振兴民族的大业。

（5）仁智论。君子要"仁且智"，才能实现雄伟的事业。"智"有三个层次：高层是大智慧，使人成为新的圣贤；中层是明辨大是大非，在原则问题上有坚守，不受骗上当；基层是有实用理性，掌握必要的科学知识，为人类造福。

（6）仁礼论。中国曾是礼义之邦，而近代以来礼被简单否定，造成社会秩序混乱、道德滑坡，于是文明礼貌再次受到重视和提倡。孔子讲"道之以德，齐之以礼"，仁爱之道必须在道德建设和民俗风尚上有所体现，使人们不仅懂得彬彬有礼，而且在日常生活中养成习惯，学会礼让、敬长、谦和，自觉遵守社会公共生活规则，再造新的礼义之邦。

（7）仁事论。仁爱之道要实化为社会事功，造福于国家和大众。孔子讲"修己以安人""博施于民而能济众"，《庄子·天下》讲"内圣外王之道"，都强调要把仁爱之道变成实践之道，要经世致用、明体达用，使其在民生实用上放出光彩。现代社会百业发达，而儒家对"立业"一项尚不够重视。其实，用儒家的精神可以成就现代的事业，塑造出各行各业的君子，如儒家仁爱式的政治家、军事家、思想家、企业家、教育家、科学家、外交家、文艺家、法学家，以及儒医、儒工、儒农、儒师、儒警等。

（8）仁群论。新仁学关注群己关系。它包括公私关系、义利关系、世界与各民族的关系。儒家以社群为本位，重家国、重事业、重责任；但对于个体的权利和个性的发展有所忽视。当今是一个强调人权和个性的时代，应该也能够把社群与个体、责任与权利高度统一起来，使天下为公的理想落实到每个人的自由、健康、幸福上。世界是由许多民族组成的，人类既是命运共同体，又应是各民族平等友爱相处的大家庭，各民族的权益、文化应得到有效的法律保护和彼此的尊重。

（9）仁力论。它讨论仁爱与实力之间的关系。孟子提出"仁者无敌"的口号，是在突显道义的力量终将战胜邪恶，但需要有个过程，有个正义力量组合强大的过程。第二次世界大战，德、日、意法西斯猖獗一时，各国人民起而抵抗，以义讨不义是实行仁爱之道、保护民众、保家卫国的题中应有之义。因此，行仁爱之道者必须具有忧患意识，加强国防建设和战备，加强经济实力，对中国而言，成为核大国是必备的条件，可以使霸权主义者不敢轻举妄动，还要团结世界友好国家和正义之士，形成保卫和平、制止战争的强大力量。中国要建成富强、民主、文明、和谐的现代化国家，这将给人类文明发展以极大的推动。

（10）仁艺论。它阐述仁德与文艺的关系。儒家讲"文以载道""尽善尽美"，强调以善德引领审美，寓教于乐，形成以《诗经》为代表的文艺上的现实主义传统。道家讲"有无相生""逍遥自得""法天贵真""言不尽意"，富有想象力，形成以庄子和《离骚》为代表的文艺上的浪漫主义传统。两者的结合，使中国人的生活充满诗意，也产生了后来的唐诗、宋词、元曲和明清小说，出现了"诗圣"杜甫、"诗仙"李白、"诗佛"王维，大词家苏轼、辛弃疾、陆游，以及《西游记》《水浒传》《三国演义》《红楼梦》等脍炙人口的名著，极大地丰富了人们的精神生活。

3.新仁学与当代新人文主义的兴起

当代主导国际潮流的西方文化，在展示其推动文明发展的正面功能的同时，日益暴露其负面的弊病，主要是社会达尔文主义、一神教宗教激进主义、科学主义，造成社会危机、道德危机、生态危机，威胁到人类的持续发展。有识之士意识到必须有新的人文主义兴起，其中要大力吸收孔子和老子的智慧，才能为人类今后的进步提供有力的思想支撑。

新仁学能造就现代文明人。当代社会使经济人、智能人、孤独人、野性人、两面人越来越多，而道德人、性情人、自在人、文明人大大减少。新仁学强调德性与才智、情欲之间的平衡，自爱与爱他、自利与利他是能够统一的。荀子说："传曰：'君子役物，小人役于物'"（《劝学》），揭示了当代人被异化的严重问题，人成了权力、财富、名声的奴隶，文明人应当显示自身的主体性，"重己役物"（《正名》），回归自我，过上文明人的生活，进而造就一个文明的世界。

新仁学能推动当代市场经济健康发展。市场经济能有效提高生产力，创造巨大财富，使人类脱贫。但它需要以义导利，有市场伦理，鼓励人们劳动致富、合法致富，诚信为本，不能巧取豪夺。中国自古就有儒商文化传统，近代的晋商、徽商、赣商都建有自己的信用制度，值得借鉴。当代香港旭日集团董事长杨钊，将西方科学管理与中华儒、佛、道仁爱文化相结合，创造出东方企业文化模式：将追求利润最大化改变为把企业积累的财富用于服务社会、利益大众；将以物为中心的管理转变为以人为中心的管理，关爱职工生活和家庭，使职工爱学习，视企如家，有主人翁之感；将企业之间生死竞争关系改变为互促共荣关系，体现了新仁学的仁爱、人本、中和的精神。

新仁学与当代公民道德的重建。以仁爱为核心的儒家伦理是新道德建设的基石，然后吸收现代新的道德营养，在社会主义核心价值观指导下，加以充实提高。其一，"三纲"不能留，"五常"不能丢，"八德"都要有。"三纲"中的君为臣纲，其流毒仍然存在，要加以清理。其二，对"五常""八德"要有新的解释。如："忠德"，提倡忠于祖国、人民与和平事业，去掉"忠君"的狭义；"孝德"，对父母孝顺应重点落实养老问题，使其生有所养，病有所治，心有所娱。其三，加强廉政建设，使官员树立为政清廉的自觉意识，不仅不敢贪，也不愿贪，有强烈知耻之心。其四，加强基层社区道德建设，培育新乡贤，形成好风气。其五，将传统美德与社会主义核心价值观（富强、民主、文明、和谐、自由、平等、公正、法治、爱国、敬业、诚信、友善）紧密结合起来，突显道德的时代特色。其六，发挥各种爱国宗教的"神道设教"的功能，支持我国宗教坚持中国化方向，在坚持基本信仰的前提下，对宗教教义作出有益于推动道德建设、改善风尚的解释，努力办好和谐寺观教堂和公益慈善事业。

新仁学与当代国民教育改革。改变长期以来中小学陷于应试教育、大学变成职业教育的不良状态，明确"立德树人"的方向并在体制建设和教学实践中认真施行。其一，要使中华经典特别是《论语》《孟子》《礼记》《老子》《庄子》和唐诗、宋词等进入课堂，对教师先期培训。其二，认真贯彻德、智、体全面发展、以德统领的方针，把德育课讲得生动活泼，能够与学生的心灵沟通。其三，教育事业要官办与民办相结合，大力扶植民办学校和民间书院，充分发挥各种教育资源和体制内外各自优势，形成巨大合力。其四，用爱心做好家庭教育，父母学会既养且育，形成和谐家庭，使孩子在充满关爱中发育，克服"揠苗助长"、不断加码的幼儿教育现状，使孩子在生动活泼中成长。

新仁学与当代文明对话。为了世界和平与发展，各国各界有识之士致力于推动文明对话，用以克服文明冲突、"冷战"思维和极端主义。新仁学主张充分发挥儒家"天下一家""和而不同"的思想，使更多的人把爱的施予超出民族界域而面向全人类，尤其面向弱势群体。各种宗教之间要求博爱之同而存教规之异，使宗教领域早日结束冲突，走向联合，为人类造福。要使儒家的温和主义即中庸之道流行起来，使资本主义温和起来，不走霸权之路；使社会主义温和起来，放弃暴力革命；使有神论温和起来，不唯我独尊；使无神论温和起来，包容和尊重各种宗教。这样，不同国家民族和不同信仰的人们便会渐行渐近，太平世界就能早日实现。

新仁学与当代生态文明建设。当代人类社会，由于过度消费，由于人类中心主义膨胀，使得资源被滥用，环境污染加剧，生态危机日益严重，威胁着人类正常生存。儒家强调对天要敬畏，包含对大自然的敬畏，遂提出"天人合一"的思想。《中庸》讲"赞天地之化育"，人有辅助万物发育流行的责任。《老子》讲"辅万物之自然而不敢为"，也就是人要尊重自然，只能"辅天"，不能"战天斗地"。这些思想可以充实当代的生态学。我们要在综合中西生态哲学的基础上，建设生态经济学，研究经济发展与环境的关系；生态政治学，研究国家管理、国际政治与生态的关系；生态伦理学，把道德规范扩大到生态领域；生态美学，提倡法天贵真之审美观；生态教育学，培养国民生态意识和培养生态学人才。新仁学认为，在工业文明之后兴起的更高级文明应是生态文明，其特征是经济社会发展与环境的优化、人性的提升同步进行，并形成良性互动。这真正是人类的福音！

（二）参与创立尼山圣源书院

山东济宁尼山脚下的夫子洞，是孔子诞生的地方，人称"圣源"。2008年10月，由泗水地方政府支持，在距离夫子洞800米的空旷田野上，由山东省与北京学者共同努力而创办的尼山圣源书院正式成立，至今整整10年，受到海内外人士一致赞赏。我是第一任院长，参与了其中的工作并提供了建院的若干基本理念。书院的建设是儒家新仁学的一次教育事业上的实践。一是，书院院训："明德弘道 博学笃行"。二是，书院宗旨："继承书院优良传统，弘扬儒学和中华文化精华，促进当代文化教育事业繁荣发展；扎根尼山，胸怀全国，面向世界。"三是，书院精神："总体要求是用儒家的精神办儒学的事业。1.仁爱精神：天下一家，万物一体；2.尚德精神：诚信为本，文明礼貌；3.弘毅精神：刚健中正，威武不屈；4.中和精神：温和包容，平等互尊；5.济世精神：明体达用，修己安人。"四是，书院院规："1.志同道合，以义相聚；2.以身作则，言行一致；3.相互信任，相互纠正；4.各尽所能，商量办事；5.理想指引，实处着手；6.开门办学，广交朋友；7.勤俭办院，杜绝铺张；8.不拘一格，努力开拓。"五是，书院体制："民办公助，书院所有，独立运作，世代传承。"六是，书院功能："学术论坛，会讲学官，培训基地，游学营地，对话平台。"七是，书院运作："政府部门支持，社会贤达赞助，学者群体办学。"

下面是我在尼山圣源书院成立大会（2008年）、书院五周年庆典（2013年）、书院十周年庆典上的三次致辞。可以看出书院十年的兴办过程和我对书院的认知。

尼山圣源书院成立大会致辞

各位来宾，今天是个大喜的日子，经各方努力，筹备了一年多的尼山圣源书院正式成立了，在座的诸位都是这一历史时刻的见证人。它的成立是天时、地利、人和兼备的结果。天时是改革开放30年使中国人进入文化自觉的时代，重新认识伟大的孔子，弘扬儒学的精华，建设中华民族共有精神家园，增强中华民族的凝聚力和创造力，并用儒家和而不同的宽广胸怀推动文明对话和世界和平，已成为全国上下普遍的呼声和行动。地利是泗水乃是孔圣诞生之地，在中国文化史上具有不可取代的特殊位置。这里人杰地灵，文化积蕴深厚，自然环境幽美；济宁市和泗水县党政领导高度重视，积极支持书院的建设，把这件事当作建设文化大县和建设新农村的重要工作予以推动。人和是泗水人和省内外、国内外各界人士，特别是北京、山东和海外学者，建立起密切的关系，书院筹建得到国际儒学联合会会长叶选平老的关怀，得到远在美国的著名学者杜维明教授、安乐哲教授的支持，得到我国香港、台湾许多学者的指教、帮助，山东大学、曲阜师范大学、北京东方道德研究所、清华大学、中央民族大学、中国政法大学、南京大学、中国社会科学院、中央党校、北京师范大学、中国人民大学等一大批中国文化研究学者直接参与书院的筹建工作，使书院拥有一支高水平的实力雄厚的学术队伍，这是书院今后发展最可宝贵的财富。大家志同道合，为了一个共同的目标：弘扬中华文化，自觉走到一起，没有利益的计较，没有人事的摩擦，坚持以文会友、以友辅仁，用儒家的精神办儒学的事业，展示儒家仁和的气象。这是书院事业兴旺的保证。

在泗水县委、县政府的领导和支持下，书院筹委会的诸位先生们，为了筹建书院，不辞辛苦，奔波于北京和山东之间，沟通和协调各方面的认识和力量，做了大量工作。特别是泗水党政领导田志锋书记、王宝海县长、陈洪夫局长对筹建书院高度重视，运筹谋划，提供基础条件，使书院得以开办。学界王殿卿教授、丁冠之教授、颜炳罡教授，对书院的筹建做出了重大贡献，其中王殿卿、丁冠之二位教授年过古稀，而率先奋斗在第一线，令人敬佩。香港中文大学刘国强教授一直关注书院的事业，建言献策，联络港台学界朋友，支持书院筹建工作。我以个人名义并代表书院向他们表示衷心的感谢，向支持书院事业的人士和学者，向远道而来的美国、新加坡和我国香港、台湾地区的朋友表示热烈的欢迎和诚挚的谢意。

书院已由济宁市文化局正式批准，属于民办公助开放性学术机构，接受市文化局业务指导与管理。其所有制明确为：民办公助，书院所有，独立运作，世代传承。书院的定位是：继承古代书院传统，适应当代社会发展；弘扬儒家文化精华，推动文明对话，促进文化教育的发展与繁荣；为泗水经济社会发展和新农村建设服务，成为泗水文化的一部分。书院的功能目标是：办成学术论坛、培训基地、游学营地、研究重镇。我们希望在当代社会条件下，开拓出一条民间办书院的新路，这需要我们脚踏实地、认真努力、坚持不懈地去工作。

我在这里要特别强调的是，书院要返本开新和综合创新。一方面要接续中华文化的源头活水，另一方面要以开放包容的胸怀吸纳各家学说和各种文明的成果，尊重文化的他者，开拓当代儒学的新形态新文化，为构建和谐社会与和谐世界作贡献。费孝通先生关于文化自觉的十六字箴言，即"各美其美，美人之美，美美与共，天下大同"，应当成为文化发展的座右铭。

各位同仁，我们已经迈出了第一步，今后尚任重而道远。世界并不太平，文明有待重建，有很多的考验在等待着我们。我们必须加强忧患意识，勇敢面对各种困难和挑战。今天在座的诸位既是历史的见证人，也是把书院办好的责任人。书院的深远意义必将在未来的岁月里展现。我相信，历史会记住这一天。谢谢各位！

（2008年10月8日）

尼山圣源书院成立五周年庆典致辞

各位领导、各位嘉宾、各位朋友：大家好！

今天是尼山圣源书院成立五周年纪念日，我代表书院全体同仁向前来参加庆典的嘉宾表示诚挚的欢迎，向支持过、参与过书院事业的海内外朋友表示衷心的谢意！也要向为书院和纪念活动做服务工作的全体员工表示感谢！我要向我的挚友们说一句发自肺腑的道谢话：你们辛苦了。这里原本是一片田野，五年中，在孔子精神感召下，经过规划者、建设者们的辛勤劳作，书院在尼山之脚拔地而起，从无到有，由小到大，建设成一座典雅，古朴的院舍。南接圣湖，与颜母山相望；北顺地脉，与泗水泉林相连。书院并无雄厚财力而在短短五年中已初具规模，呈现蓬勃朝气。海内外名家硕儒为之倾心，叶选平、季羡林、连战诸老为之题匾；中西文化讲习常设圣源，世界文明论坛选址书院；四海学子游学频来朝圣，各地教师培训盛况空前；尼山儒学论坛推进学术，乡村儒学建设扎根民间。为此，我们要感谢山东省、济宁市、泗水县政府在精神上政策上物质上对书院的大力支持，感谢当地父老乡亲对书院的多方爱护，感谢大陆和台湾、香港地区以及美国学界朋友的积极参与，感谢兄弟单位和社会各界对书院的有效赞助，书院才得以有今天这样的规模和崭新的面貌。在祝贺书院成就的时候，我们不能忘记为书院创建付出巨大心血、做出卓越贡献的丁冠之教授，他的不幸去世是书院的重大损失，我们深切悼念他，要把他的精神化为书院的宝贵财富，融入书院建设的事业中。我在五年前书院成立大会致辞中说过："大家志同道合，为了一个共同的目标：弘扬中华文化，自觉走到一起，没有利益的计较，没有人事的摩擦，坚持以文会友，以友辅仁，用儒家的精神办儒学的事业，展示儒家仁和的气象。这是书院事业兴旺的保证。"朋友们在办院过程中认真遵照儒家仁爱、尚德、弘毅、中和、济世的精神律己和办事，用行动落实中华民族文化复兴的崇高理想，以义相聚，以诚相待，有切磋争论，却没有互斗内耗，大家友爱团结，争做实事，杜绝浮夸，以坚毅的精神克服困难，用包容的态度对待友朋，把精力集中在办教育、培人才、兴文化、促文明的事业上，因此吸引了社会各界的目光，获得了各方可贵的支持，得以开展各种丰富多彩的活动。书院五年证明了孔子所说的"人能弘道，非道弘人""德不孤，必有邻"，孟子所说的"得道者多助"和《中庸》所说的"至诚如神"是伟大的真理。社会上凡接触书院的人，感受到书院有浓厚的人文气息、良好的道德氛围、求实的工作作风和开放的活动空间，它没有现实生活中常见的功利、浮躁、伪善等浊风陋习，也没有现行教育体制存在的重西洋轻中华、重知识轻德性、重分数轻能力、重传授轻创造等弊病，人们可以在这里进行传统与现代相结合的教育改革试验，既与体制内教育互补相应，又可探讨民间办学的新路，展示孔子和儒家"有教无类""因材施教""德育为先""学思并重""愤启悱发""教学相长""克己复礼""知行合一"等教育思想的光辉。人们也可以在这里进行儒、佛、道及百家之间的平等对话，和中西文化之间的双向诠释，使孔子诞生圣地成为全国各地、世界友人共同向往的地方，人们到这里亲近孔子，体验孔子思想的伟大，提升人类社会文明的高度。书院没有不变的教条和固定的边界，它乐于接纳新生事物和富有智慧的建言，与社会相济，与时代同行。

书院在领导体制上实行任期轮换制。当此建院五周年之际，书院院长、常务副院长即将完成第一次新老交替，为中青年学者更好地发挥作用创造条件。经过反复征询各方意见，决定由执行院长刘示范教授出任尼山圣源书院第二任院长，颜炳罡副院长出任执行院长，张践副院长出任常务副院长，由他们三位带领新一届领导集体，担当书院未来发展的新使命。我与王殿卿先生的共同心愿是：只要书院需要我俩做的，又是我俩能够做的，一定会尽力去做好，我俩的心永远和书院连在一起。我要特别指出，王殿卿先生是书院第一功臣，他是我们学习的榜样。

回首过去，五年只是起步；放眼未来，尚任重而道远。"满招损，谦受益"，我们不能停步，还有许多工作需要继续开展。书院硬件建设尚缺少充裕的资金，书院管理体制有待于改进和规范，书院办学内涵仍需要充实和拓展，书院的学术研究与交流更应该大力加以推进。我相信，有了良好基础的尼山圣源书院在社会各界支持下和院内外朋友的共同努力下，能够光大孔子思想，发扬优良传统，不辜负尼山圣源的荣誉，在今后岁月里把书院越办越好，持续发展，成为尼山圣域一方闪耀着人文之光的高地。《尼山圣源书院创建碑记》凝聚着书院新领导的集体智慧，又看到书院未来宏大的五年规划，我对书院的光明前景充满信心。借此群贤毕至的良机，敬请各位对于尼山圣源书院的工作提出宝贵的批评与建议。

谢谢各位！

2013年10月19日

尼山圣源书院成立十周年庆典致辞

各位领导、嘉宾和朋友：

今天是尼山圣源成立十周年庆典，我的心情格外激动，因为我经历了书院从无到有、由小到大的全过程，看到它作为一所民办公助的书院取得了公认的辉煌成就，可以说是举世无双的。在这里，它培训了成千上万的国学师资，成功举办儒学与中华国际师资班，举办数届尼山世界文明论坛，开办海峡两岸读《论语》教《论语》师资研修班及东南亚华人儒学研修班，举行尼山会讲和论道，在国内首次创办乡村儒学大讲堂并将其向山东全省推广，如此等等，其活动能量之大、成效之显著，都超出许多人的意料。

书院一缺资金二缺人手，为什么能做得这样出色？我认为主要有三条：第一，地处尼山圣源，有孔子创儒学、办教育的深厚土壤和传统，人们到这里来有朝圣、希贤的敬意，心灵得到净化，境界得到提升，泗水党政部门高度重视，积极支持，为书院提供了必要的政治环境和物质空间；第二，有一批前后相继的事业骨干，他们志同道合，为了弘扬中华文化，自觉走到一起，以文会友，以友辅仁，没有利益的考量，没有人事的内耗，用儒家的精神办儒学的事业，知行合一，展现出儒家的仁和气象，产生了巨大的吸引力；第三，开放包容，海纳百川，虽无专职队伍，书院背后却有省内外、海内外数量众多的有识之士和学者积极参与，形成强大的学术力量，使书院扎根泗水，面向全国，走向世界，能够团结尽可能多的朋友，从事多元文明之间的对话、互鉴，它没有教条和边界区隔，实践着费孝通先生所说的：各美其美，美人之美，美美与共，天下大同。

我由于身体欠佳，五年前即已退居二线，对书院工作甚少作为，实感惭愧；但看到新生力量不断成长、书院面貌日新月异，又受到鼓舞。我要学习王殿卿先生老当益壮的精神，做一点力所能及的事情。

书院的事业任重道远，有待继续充实和开拓。我相信第二个十年中，书院在加固中华民族共同体文化纽带和推动人类命运共同体建设中将发挥更大的作用。谢谢各位！

2018年秋

以上三份致辞中有两条值得反复强调：其一，"用儒家精神办儒学的事业"，这就是新仁学的创新和知行合一精神；其二，费孝通先生的文化自觉十六字箴言，被学者融入办书院的宗旨与实践。费孝通未及看到书院创建，但他的睿智已由书院的学者传承弘扬。

（三）提炼出君子人格"六有"

1.争做新时代的君子

习近平主席近期讲话指出：博大精深的中华文化是海内外中华儿女共同的魂。国无德不兴，人无德不立。中华传统美德是中华文化的精髓。习近平主席概括出中华文化具有时代价值的理念：讲仁爱，重民本，守诚信，崇正义，尚和合，求大同。

由此可知加强道德建设的重要性：它关系到中华民族复兴的大业和教育事业的百年大计。风气能改变人，人也能改变风气，我们要提倡争做新时代的君子，努力用社会正气抑制不良邪气，而这要从立德树人的学校教育做起。

2.孔子儒家思想为中华民族提供了基本道德规范

传统道德主要是"五常"（仁义礼智信）、"八德"（孝悌忠信礼义廉耻），它使中华成为礼义之邦。它告诉我们怎样超脱世俗功利境界，进入道德境界，做一个有尊严、有品格、有作为的人。今天，我认为"三纲"（君为臣纲、父为子纲、夫为妻纲）不能留，"五常"不能丢，"八德"都要有。在如何做人的问题上，传统社会以道德衡量人品，最高目标是圣贤，其次是君子，下层是小人，最低是罪人。做君子应成为大多数人的道德追求。孔子经常将君子与小人对举。如"君子怀德，小人怀土""君子和而不同，小人同而不和""君子喻于义，小人喻于利""君子坦荡荡，小人长戚戚""君子上达，小人下达"。《论语》《孟子》等经典用大量文字讲君子之德，为做人树立了健康向善的标准，影响了两千多年。直到今天，我们还经常说"不要以小人之心度君子之腹""君子一言既出，驷马难追""不要做伪君子、真小人"。

中华优秀传统文化铸造了理想人格即道德君子，成为做人的榜样。而小人是计较私利、道德不足的人。至今君子与小人在民间仍是品评人物的坐标。今日我们表扬"感动中国人物""最美道德人物"，那是很高的境界，应当心向往之。对于大多数人而言，可提倡做君子不做小人，更不能做罪人，这比较切合实际，容易引领社会多数。

3.弘扬君子之德，使君子成为新时代做人的风范

我概括君子人格为"六有"，即：有仁义，有涵养，有操守，有容量，有坦诚，有担当。

一曰：有仁义，立人之基。

仁者爱人，义者行宜，乃是做文明人的根基；用生活化语言说，就是心地善良，行为端正。"樊迟问仁，子曰：爱人"（《论语·颜渊》，以下只注篇名）。孔子说："君子学道则爱人"（《阳货》）。"君子道者三，我无能焉：仁者不忧，知（智）者不惑，勇者不惧"（《宪问》）。"君子成人之美，不成人之恶；小人反是"（《颜渊》）。"君子义以为上"（《阳货》）。孟子说："君子以仁存心"（《孟子·离娄下》，以下只注篇名），"吾身不能居仁由义，谓之自弃也。仁，人之安宅也；义，人之正路也。旷安宅而弗居，舍正路而不由，哀哉！"（《离娄上》）"君子莫大乎与人为善"（《公孙丑上》）。韩愈《原道》说："博爱之谓仁，行而

宜之之谓义"。君子品德的第一要义是要有爱心，即有良心或良知，关心人、帮助人、尊重人、体贴人，心要保有温度，不能变冷，更不能变黑，否则会失掉做人的根基，使他人遭殃，最终也会害己。居仁才能由义，有了爱心便会坚守正义，维护社会公共生活准则，促进社会安定和谐。那么，为什么社会生活不能没有良知、爱心，而一些人却会丢掉呢？这就要从人类生活的特点和人性的形成说起。人既是个体的存在（每个人有自己的需求、爱好与生活方式），同时又是群体性的动物和文化动物。人从小离不开家庭、学校，成人后离不开社会与朋友，马克思在《费尔巴哈论纲》中说："人的本质，并不是个别的个体所具有的抽象属性。就其现实性来说，它是一切社会关系的总和。"人本质上是一种关系的存在，个体的独立性只能在社会关系制约下的有限空间里存在。家庭中亲子相爱、同辈相亲是共同生活熏陶而成的。人与动物不同，文化代代相传，家庭与学校教育使人懂得与人为善，社会道德风气使人知道个体离不开群体。因此，恻隐之心人皆有之，爱人者人恒爱之，人们在相互关爱中享受着幸福；反过来，害人者人恒害之，人们在相互争斗损害中带来的只能是痛苦。这是人性的初心。儒家进一步要求有德君子将仁爱之心向外扩大，由爱家庭，到爱大众，爱人类，爱天地万物，把他人看成自己的同胞，把动植物看成自己的伙伴，这就是北宋大儒张载说的"民胞物与"。可是人性是善恶混杂的，两者此消彼长：当群体意识强于个人欲求，善良便占上风；当个人欲求膨胀而遮蔽了道德理性时，恶习便占上风。再加上社会利益集团的绑架，极端主义思维的洗脑，一些人便会扭曲人性，丧尽天良，非但做不成君子，也做不成一般好人，甚至比小人更坏，成为罪人。要做文明人必须成为君子，不仅有仁爱之心，而且能自觉成人之美，尤其在别人困急的时候，能雪中送炭，这就要消解嫉妒心，以助人为乐，以损人为耻。这是君子和小人的本质区别。在社会行为上，文明君子必然行事公正，不以利害义，不因私损公，还能够见义勇为，扶危济困。孟子说："恻隐之心，仁之端也；羞恶之心，义之端也。"（《公孙丑上》）《中庸》说："力行近乎仁，知耻近乎勇。"可知，仁心要知行合一，正义要勇于捍卫，都不能停留在口头上。做到居仁由义，君子人格便有了基石，也便有了人的尊严。我们常说，人不仅要过得幸福，还要过得有尊严。"好死不如赖活着"的人生是君子无法忍受的。孟子很强调君子要有正义感，说："生亦我所欲也，义亦我所欲也；二者不可得兼，舍生而取义者也。"（《告子上》）可见，仁义乃做人之本。

二曰：有涵养，美人之性。

人有向善之性，而无必善之理。人性中有动物性，积习不良会发展为恶性；必须有后天教育和修养，才能使善性成长，成为文明君子，经过刻苦努力才能使德性达到高尚的程度。故孔子曰："性相近也，习相远也。"以儒学为主导的中华文化一向重视社会道德教化和个人修身，形成一套涵养人性、修成君子的理论方法。

第一，孔子确立了君子人格三要素："仁、智、勇"，他说："君子道者三，我无能焉：仁者不忧，知（智）者不惑，勇者不惧。"（《宪问》）《中庸》称其为"三达德"，其中"仁"是主轴，智、勇是行仁的必要素质和能力，缺其一，人格不能独立。《中庸》还进一步说明："好学近乎知（智），力行近乎仁，知耻近乎勇。"它指明修习三达德的着力点，在于：求智要经由学习而得来，成仁要通过实践的磨炼和考验，毅勇要由知耻之心而生发。没有"仁"，君子人格便没有灵魂，没有智慧便不能辨别是非，缺乏勇气则行仁不能持续。这君子人格三要素至今仍然适用于青少年的教育培养，尤其学校教育必须以立德树人为主，使学生能够居仁由义；智力教育要使学生掌握科学知识和独立思考研究的能力，以便为社会做贡献；培养毅勇精神，使学生有克服困难、不怕挫折、不与恶俗同流合污的品格。一个人有此三者，才算是具有了完整的人格；培养出一大批独立人格的君子，才算是学校教育的真正成功。

第二，孔子儒家论述了修身的重要性和修习君子的目标。孔子说："古之学者为己，今之学者为人"（《宪问》），意思是古人学习是为了成全自己的人格，今人学习是为了夸耀于别人。《大学》作了进一步发挥："君子有诸己，而后求诸人"，"自天子以至于庶人，壹是皆以修身为本"，因为"身修而后家齐，家齐而后国治，国治而后天下平"。这是儒家一条基本逻辑：学会做人才能学会做事，人能弘道，非道弘人。和顺幸福的家庭，为国为民的社会事业，都要靠人去建立，事业的成功决定于素质高的人，这样的人便是君子，而君子是自觉修习得来的，不是天然而能的，由此可知修身的重要性。君子以济世安民为己任，为此必须严以律己，不断提升自己的品格和能力，才堪担当大任。孔子把人的天生之质朴称为"质"，把文采称为"文"，说："质胜文则野，文胜质则史。文质彬彬，然后君子。"（《雍也》）意思是：质朴胜过文采，人便粗野；文采胜过质朴，人便造作（像古代祝史官那样只精于文书），理想状态是有文有质，恰当配合，既朴素又斯文，这才是君子。孔子在《卫灵公》篇中将君子的全面素质说得更为具体："君子义以为质，礼以行之，孙（逊）以出之，信以成之。君子哉！"孔子弟子子贡形容孔子的风度时说："夫子温、良、恭、俭、让以得之。"（《学而》）即：温和、善良、庄重、俭朴、谦逊。总之，君子应当知书达理、文明礼貌、方正儒雅，不知不觉中便令人起敬。

第三，儒家总结出君子道德修养的多种方式方法。现举若干项：其一，《中庸》："君子尊德性而道问学"，就是磨炼品性与切磋学问同时并举。一方面要在践履中体验和考验人品之优劣，从而提升自己的精神境界，如孟子所云："存其心，养其性"（《尽心上》），如王阳明所云："知行合一"，要"从静处体会，在事上磨炼"（《传习录》上）；另一方面要乐学不辍，如孔子所说："学而时习之，不亦说（悦）乎"（《学而》），"下学而上达"（《卫灵公》），"知之者不如好之者，好之者不如乐之者"（《雍也》），把学习作为人生乐趣，故"学而不厌，诲人不倦"（《述而》）。今日做君子，应当学好中华经典，如《四书五经》、《老子》、《庄子》、《史记》、唐诗宋词等，经典中积淀着中华文化的基因，里面有哲学、有历史、有道德、有文学，有先人开创文明的美丽故事，是涵养君子人格的人文学苑。经典训练可以陶冶人的性情，增长人的见识，了知中华文化博大精深，使自己成长为中国式的文明人。学与行必须结合，如程颢、程颐所云："涵养须用敬，进学在致知。"（《二程集·论学篇》）"敬"即认真严肃，孔子说："修己以敬"（《卫灵公》）。朱熹很看重"敬"，谓"敬之一字"为"圣门之纲领，存养之要法"（《朱子语类》）。其二，从善如流，慎独改过。一个人生活的周围环境里，总是有君子有小人，自己的思想言行也难免有对有错。孔子主张"见贤思齐，见不贤而内自省也"（《里仁》），"三人行必有我师焉；择其善者而从之，其不善者而改之"（《述而》）。君子善于学习，重要的方式是学别人的优点，而将其缺点引以为戒，省察自己，增强德性，改正错误。在学校里向老师学习，也要学习同学的长处；在家庭里向父母长辈和兄弟姐妹学习；在社会中向同事朋友学习。孔子学无常师，他善于向古圣贤学习，向当时士君子学习，也经常与学生相互讨论，教学相长，故能集夏、商、周三代文化之大成于一身，成为万世师表。《荀子》认为"学之经莫速乎好其人"（《劝学》），若喜欢君子式人物，便会学做君子。《大学》和《中庸》都强调"君子必慎其独"，要求君子在独处而无旁人知晓和舆论监督的情况下，自觉履行道德准则，不欺骗别人，也不欺骗自己，这样才能使道德内化为性情，久之，习惯成自然。从别人和自己的过失中学习是君子涵养的必经之路。总结错误的教训，敢于直面已经发生的偏差，是君子与小人的重要区别，故孔子说："人之过也，各于其党。观过，斯知仁矣。"（《里仁》）人的错误有不同类型，善于观察错误的成因，从而有效改之，便是君子仁德的表现，因为它有益于社会大众。其三，严以律己，宽以待人。孔子说："躬自厚而薄责于人"（《卫灵公》），一直达到"内省不疚"（《颜渊》），这就是我们今天所说的：要多做自我批评。孔子弟子曾子说："吾日三省吾身：为人谋而不忠乎？与朋友交而不信乎？传不习乎？"（《学而》）即：为他人办事是否尽心尽力了？与朋友来往是否信守承诺？古圣贤和老师传授的道理和知识是否能温习践行？君子并非不犯过错，只是能经常反省、知错必改，所以孔子说："过则勿惮改"（《学而》），"改之为贵"（《子罕》）。孔子说过"君子求诸己，小人求诸人"（《卫灵公》），强调君子遇到问题要增强自身的应对能力，小人则处处依赖别人。孟子加以发挥，认为君子做事动机好却未能达到预期效果，首先想到的不是客观上的条件不好，或者对方不配合，而是自身有什么不足，故曰："爱人不亲反其仁；治人不治反其智；礼人不答反其敬。行有不得者，皆反求诸己。"（《离娄上》）意思是：给人以爱却未能使之温亲，那就要检讨自己仁爱的真诚与方式存在的问题；治理地方未能实现有序富足，那就要检讨自己的智慧有什么欠缺；礼貌待人却未能使对方答之以礼，那就要检讨自己是否真正做到尊重了对方的人格。可是生活中常见的现象是：一些人遇到表彰便把功劳归在自己名下，而出了差错便怨天尤人，把责任推给别人，自己洗得一干二净。我们现在讲批评与自我批评，讲"团结—批评—团结"，多年的实践表明，自我批评是基础，然后相互批评才有效，否则相互批评不仅达不到通过批评实现新团结的目的，而且会造成不满和怨恨，可见自省是多么重要。其四，存心养性，情理兼具。心，良心；性，人性；情，情欲；理，理性。儒家修身，要保持善心良知，要涵养善性、抑制恶性，要调节情欲而使之适度，要增强理性而能明德。孔子说："克己复礼为仁"（《颜渊》），克己是克制私欲以符合礼（社会行为规范）的要求，从而使仁德外化为行动。孟子说："养心莫善于寡欲"，"存其心，养其性，所以事天也"。孟子认为天人相通，人性受于天而显于心，故尽心知性可以知天，存心养性所以事天。儒家都认为人有情感、欲望乃是人性之自然，如欲富贵而厌贫贱是人人皆有的本性，但要有所节制。孔子主张以道导欲，《毛诗序》中主张"发乎情而止乎礼义"，孟子主张寡欲。在现实社会中，小人之所以是小人主要缘于私欲太盛，到了理性不能控制的程度，于是便发生损人利己的行为。如果私欲膨胀，以致利令智昏、名令智昏、权令智昏，便会不择手段去违法乱纪，堕落为罪人，既害人，又害己。改革开放实行市场经济，生产力得到飞速发展，中国很快走上富裕的道路。但是，由于中华传统美德经历了近百年的偏激主义的持续批判，其影响力已削弱，再加上"文化大革命"的破坏，市场经济缺乏必要的伦理支撑，在发展中曾出现拜金主义狂潮，严重干扰了市场经济的健康运行，社会上出现较多假冒伪劣、坑蒙拐骗现象，使百姓深受其害。道德君子，尤其是商界的君子，应当挺身而出，带头合法致富、劳动致富、诚信致富，共同抑制各种经济犯罪。中国人讲合情合理，既有情又有理，将两者统一起来。君子修身的任务之一是培养道德理性的自控能力，能够使自己从容面对各种物质诱惑而不动心。其五，要懂得惜福和感恩。社会发展有起有伏，有曲折有顺昌，在艰难时刻有许多人相互支援，在平顺时期的人便要惜福，对得来不易的成果要倍加珍爱。例如，我们曾经有过物资匮乏、生活困难的时期，如今人们生活富裕起来，商品丰富，吃穿住行都得到很大改善，儿童与青少年的成长环境今非昔比，中壮年施展才干的空间成倍扩大，老年人能够安度晚年，享受天伦之乐，我们生逢此时，能不惜福感恩吗？一个人从小到大，到走向社会，到事业有成，不知得到过多少人直接或间接的帮助，便要有感恩之心，要知恩图报。中国自古便有一条道德训言：滴水之恩，必当涌泉相报。孔子讲"以直报怨，以德报德"（《宪问》），佛教讲"报父母恩，报众生恩，报国土恩，报三宝（佛法僧）恩"，而且诸恩是一生都报不完的。但是有的人不这样想，而总觉得是别人欠他的、社会欠他的，从不想一下自己做得怎样，是否对得起人民和国家对他的培养，甚至把自己的业绩放大，自以为了不起。这种心态是扭曲的、颠倒的，眼睛只盯着利益，而丝毫不想尽应有的责任和义务。

三曰：有操守，挺人之脊。

人要有尊严，必须挺直腰板，堂堂正正做人。在涉及人类公义和国家、民族、人民根本利益的大是大非问题上，在事关人格独立的原则问题上，要态度鲜明，坚守正道，毫不含混。这就是士君子一向看重的节操，是无法妥协的，更不能拿来做交易。在处理具体问题时则可以有灵活性，有时为了长远的全局的利益，甚至在局部利益上可以做出让步和妥协，但一定要有底线。一是要立志正大，且矢志不移。孔子说："三军可夺帅也，匹夫不可夺志也。"（《子罕》）内心的正义志向坚如磐石，没有任何外部力量能够改变它，死亡的威胁也无济于事。二是"刚健中正"（《易传》），不卑不亢，既不低三下四，也不盛气凌人；和而不流，既不与低俗同流合污，也不自大排他。三是经受得住各种严峻考验，如孟子所云："富贵不能淫，贫贱不能移，威武不能屈，此之谓大丈夫。"（《滕文公下》）为此，要"善养吾浩然之气"，使其"至大至刚"，"配义与道"（《公孙丑上》），勇往直前而毫无怯懦之心。尤其在国家和民族遭受外强侵略欺侮的关键时刻，仁人志士要如曾子所云："临大节而不可夺也。"（《泰伯》）为了抗击邪恶势力，维护国家和民族的尊严，可以"杀身成仁"（《卫灵公》），"舍生取义"（《告子上》）。这是中华民族不畏艰难、衰而复兴的伟大精神力量。

四曰：有容量，扩人之胸。

君子与小人的一个重要差别是：君子心胸开阔，能包容他者；小人心胸狭窄，结党营私。孔子说："君子和而不同，小人同而不和。"（《子路》）"和"是承认差异，包纳多样；"同"是自以为是，不容他者。由"和"生出"和谐"，乃是中华思想文化的主流，源远流长；由"同"生出"一言堂"，如不能同必然引起争斗，乃是一种支流。《国语·郑语》载，周太史史伯说："和实生物，同则不继。"意思是：多样性事物相遇才能产生新的品物，相同事物相加不会有新生事物出现。从此"和"与"同"便成为思想家经常论述的一对哲学范畴，并运用到社会生活各个领域，发挥了较大的作用。《左传·昭公二十年》载，齐国贤臣晏婴与齐景公论"和与同"："和如羹焉，水、火、醯（醋）、醢（酱）、盐、梅（梅子），以烹鱼肉，燀（烧煮）执以薪，和之以味，济其不及，以泄其过。君子食之，以平其心。君臣亦然：君所谓可而有否焉，献其否以成其可；君所谓否而有可焉，臣献其可以去其否。是以政平而不干（违背），民无争心。""声亦如味，一气、二体、三类、四物，五声成律，七音（宫、商、角、徵、羽、变宫、变徵）、八风、九歌（水、火、木、金、土、谷、正德、利用、厚生），以相成也。清浊、小大、短长、疾徐、哀乐、刚柔、迟速、高下、出入、周疏，以相济也。君子听之，以平其心，心平德和。故《诗》曰：'德音不瑕（玉之斑点）。'今据（景公亲信大夫梁丘据）不然，君所谓可，据亦曰可；君所谓否，据亦曰否。若以水济水，谁能食之？若琴瑟之专一，谁能听之？同之不可也如是。"晏婴用和同之论来诠释美味肉羹是用多种食物调料相济而成的，动听音乐是以多种音阶、乐器、声调旋律配合而成的，那么健康的君臣关系只能是和，不能是同，即君出的主意，臣要找其不足，君认为不好的事情，臣要指出其中的正确的成分，只有这样才能集思广益，互补所缺，统筹兼顾，政通人和，民心安定。自从孔子说了"君子和而不同，小人同而不和"与"礼之用，和为贵"（《学而》）以后，"和"文化成为做人、做事、立制的重要原则。成书于战国的《易传》说："乾道变化，各正性命，保合太和，乃利贞。"提出"太和"，就是和谐之至。又说："地势坤，君子以厚德载物。"还说："天下一致而百虑，同归而殊途。"认为多样性是天下文明发展的客观规律，既有大方向上的共同目标，又有各自发展的特殊进路，君子要包纳万事万物，才能成其厚德。《中庸》说："万物并育而不相害，道并行而不相悖。"强调了万物的多样性和谐与真理的多样性统一，不能也不应唯我独尊、一家独大。

五曰：有坦诚，存人之真。

孔子说："君子坦荡荡，小人长戚戚。"（《述而》）坦荡就是心地光明磊落，没有不可告人的污浊之事，故心安理得。小人心怀鬼胎，故坐立不安。孔子未明言"诚"，但常言"直"与"信"，皆与"诚"相近。直就是率真坦诚，秉公行事，他说："举直错诸枉，则民服"（《为政》），"举直错诸枉，能使枉者直"（《颜渊》），又说："以直报怨，以德报德"（《宪问》）。贤臣必直，能得民心，且可校正佞臣（枉者）之失；孔子反对以怨报怨，也不赞成以德报怨，而是主张以直报怨，即直道而行，不去计较别人对自己的伤害。至于以德报怨，往往是少数宗教家所作为，目的是用恩义来感化作恶者，一般人难以做到。孔子说："言而有信"（《学而》），"民无信不立"（《颜渊》）。信就是守承诺，言行一致。《易传·文言》云："修辞立其诚"，疏云："诚谓诚实。"孟子讲"诚"，他说："诚者，天之道也；思诚者，人之道也。"（《离娄上》）诚，与伪相对，与妄相反，就是真实、有信，表里如一，不伪善，不欺瞒，做性情中人。孟子首次将"诚"提升到天道性命的高度，认为天地万物的存在和变化是真实无妄的，只有人类社会才出现伪诈，但文明要求人道效法天道，回归真诚无妄，即"反身而诚"。自身不诚则无法打动别人，故说："悦亲有道，反身不诚，不悦于亲矣。"（《离娄上》）他又进一步指出："诚身有道，不明乎善，不诚其身矣！"（同上）"万物皆备于我。反身而诚，乐莫大焉。强恕而行，求仁莫近焉。"（《尽心上》）意谓：万物之道都能在自己身上有体现，物我相通，故应仁民爱物，以此为精神享受，有诚才有真仁真义，无诚必是假仁假义。在先秦时期，建立起系统的诚的哲学的是《中庸》，其作者像是孟子后学。《中庸》论诚，有深度，有高度。第一，提出"不诚无物""至诚不息""不息则久"。这是天道规律，假象终将破灭。第二，指出人道之诚有两种：一种是圣贤可以做到"不勉而中，不思而得，从容中道"，这就是"自诚明，谓之性"；一般人则须修道以教之，明善以导之，就是"自明诚，谓之教"。具体说来，要"择善而固执"，"博学之，审问之，慎思之，明辨之"。第三，说明诚的目标是"成己成物"。其公式是：至诚→尽己之性→尽人之性→尽物之性→赞天地之化育。第四，指明至诚的地位和作用在于"唯天下至诚，为能经纶天下之大经，立天下之大本，知天地之化育"。就是说，有至诚之人，才能确立国家发展的大经大本，推动万物健康发育流行，创造文明的新高度。总之，君子有坦诚，要求做人做事：一要做真实人，不做两面人，不戴假面具生活；二要开诚布公，说真话，做真事，不逢场作戏；三要信实可靠，一诺千金，言行一致；四要执着专精，百折不挠，不三心二意、有始无终；五要知错必改，不掩饰，不推诿，自觉承担责任。坦诚君子是真人，却不是完人，其性格率真，优缺点皆显露在外，别人不必揣度捉摸，不必防范戒备，其思想观点鲜明有个性，却不自以为完备，愿意参与百家争鸣，共同探讨真理。当然坦诚并不意味着口无遮拦、随意乱说，而要适时而说、因事而说，凡说必发自内心，有益社会。现代人讲隐私权，应予以尊重，不探听别人隐私，也不到处诉说自己的隐私，以免添乱。

六曰：有担当，尽人之责。

君子立志远大，有强烈的社会责任心和历史使命感，勇于承担重任，不愿意碌碌无为，也不屑于在个人小圈子里打转，而要在为国为民为天下的事业中实现人生的价值。孔子把"修己以安人""修己以安百姓"（《宪问》）作为社会理想追求，同时又赋予它以神圣的意义。《子罕》篇载："子畏于匡。曰：'文王既没，文不在兹乎？天之将丧斯文也，后死者不得与于斯文也；天之未丧斯文也，匡人其如予何?'"孔子在匡地受到围困，向弟子表示自信，说周文王之后，尧舜之道就体现在我身上了，上天如果要把圣人之道传下去，匡人不能把我怎么样，我肩负着天命，故不畏惧。孟子也是以天下为己任，说："夫天，未欲平治天下也，如平治天下，当今之世，舍我其谁也?"（《公孙丑下》）孟子非但不把平治天下的责任推给别人，还认为自己要承担最主要的责任，因为它是天命所赋予的，表现出"舍我其谁"的大丈夫气概。在孔子、孟子的心中，"天命"不是有意志的上帝，而是指向道德之天，表达文化人的历史使命。孟子认为，要承担起这种救世的重任，此人必须在忧患中反复磨炼，树立弘毅性格。他举古代圣贤事例，大舜是在田野中成长的，传说（商代贤人）是从建筑苦役中提拔的，胶鬲（商纣之臣）是从鱼盐商贩中发现的，管仲是从牢狱中放出来的，孙叔敖是从海边请回来的，百里奚是从市场中举荐出来的，所以"天将降大任于是人也，必先苦其心志，劳其筋骨，饿其体肤，空乏其身，行拂乱其所为，所以动心忍性，增益其所不能"（《告子下》）。君子一要敢于担当，二要能够担当，这就要经受艰苦的磨炼和考验。我们今天讲挫折教育，其意与孟子是相通的。《大学》一书，把士君子的担当归纳为修身、齐家、治国、平天下，后来"修齐治平"便成为中国士人的人生座右铭。《易传·乾卦·文言》曰："天行健，君子以自强不息。"要求君子不甘于落后，要有上进心，有事业心，有大作为，体现大自然赋予人的顽强生命力。《易传·系辞下》说："《易》之兴也，其于中古乎? 作《易》者其有忧患乎?""《易》之兴也，其当殷之末世，周之盛德邪？当文王与纣之事邪？是故其辞危，危者使平，易者使倾。其道甚大，百物不废，惧以终始，其要无咎，此之谓易之道也。"它指出，殷纣王暴虐而天下危亡，周文王修德而人心归向，殷鉴不远，人们应当具有忧患意识，以纣为戒，故有《周易》之作，目的是指导国家总结经验，吸取教训，由乱而治。此后，忧患意识便成为中国士君子的深层意识，不仅在乱世要治乱兴邦，而且在治世也要居安思危，以免大意致祸。故孟子说："入则无法家拂士（辅佐之士），出则无敌国外患者，国恒亡。然后知生于忧患而死于安乐也。"（《告子下》）孟子认为国君要与民同乐，"乐民之乐者，民亦乐其乐；忧民之忧者，民亦忧其忧。乐以天下，忧以天下，然而不王者，未之有也。"（《梁惠王下》）与民同乐同忧就是曾子所说的"仁以为己任"（《泰伯》），它是士君子应当努力去做的。

附录：主要参考书目

[1] 费孝通主编:《中华民族研究新探索》，中国社会科学出版社，1991年5月。

[2] 费孝通主编:《中华民族多元一体格局》（修订本），中央民族大学出版社，1999年9月。

[3] 费孝通著:《费孝通在2003年：世纪学人遗稿》，中国社会科学出版社，2005年11月。

[4] 费孝通著:《费孝通九十新语》，重庆出版社，2005年11月。

[5]《费孝通民族研究文集新编》（上下卷），中央民族大学出版社，2006年10月。

[6] 陈连开主编:《中国民族史纲要》，中国财政经济出版社，1999年12月。

[7] 徐杰舜主编:《中国民族团结考察报告》，民族出版社，2004年3月。

[8] 黄淑娉、龚佩华著:《文化人类学理论方法研究》，广东高

等教育出版社，2004年6月。

[9]林耀华主编:《民族学通论》，中央民族大学出版社，1997年12月。

[10]杨堃著:《民族学概论》，中国社会科学出版社，1984年7月。

[11]庄孔韶主编:《人类学通论》，山西教育出版社，2004年7月。

[12]宋蜀华、白振声主编:《民族学理论与方法》，中央民族大学出版社，1998年4月。

[13]马戎编著:《民族社会学导论》，北京大学出版社，2005年8月。

[14]荣仕星、徐杰舜主编:《人类学世纪真言》，中央民族大学出版社，2009年1月。

[15]鄂义太、黄泰岩主编:《先生还在身边 —— 民大名师纪念文集》，中央民族大学出版社，2015年11月。

[16]国家民族事务委员会:《中国共产党关于民族问题的基本观点和政策》(干部读本)，民族出版社，2002年1月。

[17]国家宗教事务局党组理论学习中心组编:《中国特色社会主义宗教理论学习读本》，宗教文化出版社，2013年12月。

[18]牟钟鉴主编:《民族宗教学导论》，宗教文化出版社，2009年6月。

[19]杨学林著:《文化生态中的政府责任 —— 宁夏吴忠地区宗教与社会关系研究》，宁夏人民出版社，2012年1月。

[20]金泽著：《宗教人类学导论》，宗教文化出版社，2001年10月。

[21]牟钟鉴著：《新仁学构想 —— 爱的追寻》，人民出饭社，2013年9月。

[22]牟钟鉴著：《儒道佛三教关系简明通史》，人民出版社，2018年5月。

[23]尼山圣源书院编，牟钟鉴主编：《尼山铎声 —— "当代儒学创新发展"专题》，人民出版社，2013年10月。

（2018年末完稿）